중세의 뒷골목 풍경

중세의 뒷골목 풍경

Geschichten aus der Hintergassen des mittelalterlichen Europas

유랑악사에서 사형집행인까지, 중세 유럽 비주류 인생의 풍속 기행

양태자(비교종교학 박사) 지음

중세의 비주류 인생을 찾아서

유럽에서는 중세 유럽(500~1500)에 관한 책이 연구자뿐만 아니라 일반인에게도 큰 관심의 대상이 되고 있다. 내가 22년간 살았던 독일에서도 중세에 관한 서적은 많은 사람에게 인기를 끌고 있는데 이것은 중세 유럽에 아직도 진기한 이야깃거리가 무궁무진하다는 의미로 해석할 수 있다. 중세 유럽에 관한 연구서는 사람들의 흥미를 적당히 채워주는 서적이 아니라 교수와 학자들이 평생을 바쳐 연구한 전문서가 대부분이다. 나 역시 처음에는 독일의 시립 도서관에서 자료를 읽기 시작하다가 대학 도서관, 서점, 헌 책방, 나중에는 벼룩시장으로 달려가 희귀한 자료를 사 모으기 시작했다. 이미 절판된 어떤 자료는 저자인 교수에게 직접 편지를 보내서 책을 구하기도 했다. 이렇게 모은 자료가 그림책까지 합쳐 약 600권이 되었다.

이 자료를 바탕으로 중세 유럽에 대한 글을 쓰기 시작할 때 독일에서 공부한 비교종교학과 비교문화학이 큰 도움이 되었음은 물론이다. 중세 유럽 1000년간, 그리스도교가 사람들의 삶, 문화, 종교, 정치 모든 분야를 지배했던 것은 누구나 잘 아는 바이다. 신학자들은 성서에서 벗어난 내용을 함부로 말하지 않지만, 100년 전 이미 신학에서 떨어져 나온 '신학의 딸'인 종교학에서는 신학의 범주에서 벗어나 중세 문화를 바라보고 있다. 바라보는 것에서 그치지 않고 그들의 잘못된 행위를 마음껏 비판하기도 한다. 나의 연구 역시 종교학자와 같은 관점에서 이루어졌다. 이 책에서 언급한 중세 교황들은 어두운 자취를 뿌린 이들인데 나는 종교학적인 잣대로 이들의 모습을 객관적으로 살펴보려고 하였다.

이 중에서도 특히 중세의 비주류 인생에 대한 연구에 중점을 두었다. 비주류 인생을 살았던 사람은 중세의 가장 밑바닥 계층인 사형집행인, 동물 가죽 벗기는 사람, 똥 푸는 사람, 거리의 악사, (있지도 않는 가상의)마녀 등이다. 나는 책 읽는 것에서 그치지 않고 이들의 삶의 흔적이 남아 있는 도시로 현장 답사도 여러 번 다녀왔다. 같은 도시를 서너 번 방문했더니 시 담당 공무원이 내게 마녀사냥 자료를 건네준 적도 있다.

독일에는 중세 문화를 고스란히 간직하고 있는 도시가 여러 군데 있다. 뷔딩엔Buedingen, 이드슈타인Idstein, 겔렌하우젠Gelnhausen 등이다. 역에 내리면 중세의 냄새가 솔솔 풍겨오는 작은 도시들이다. 외국인 관광객에게는 알려져 있지 않지만 숙박 시설이 잘 되어 있고 유럽의 관문인 프랑크푸르트Frankfurt에서 가까우니 꼭 한 번 방문해 보기를 바란다. 이 도시들은 거리 자체가 역사 기념물이다. 이곳에는 마녀의 성, 마녀재판에 쓰였던 도구들이 전시된 박물관이 있다. 대부분 힘없는 여인들이 이런 마녀의 성에 갇혀 갖은 고문을 당하다 한을 품고 떠나갔다. 특히 겔렌하우젠 마녀의 성에 있는 고문

기구들을 보면 인간이 얼마나 잔인한 존재인지 새삼 느낄 수 있다.

중세 문화를 간직한 도시에서는 중세를 재현하는 행사가 1년에 몇 차례 열린다. 중세의 생활 모습과 시장을 재현하는 등 다양한 프로그램이 마련되어 있기 때문에 이런 행사가 열리는 날은 자그마한 '중세' 도시일지라도 독일인들이 구름같이 몰려든다. 미리 사지 않으면 표도 매진된다. 한 번은 행사 며칠 전 표를 구했더니 매진이라는 것이다. "나는 동양인인데 마녀에 관한 글을 쓰고 있다"며 사정했더니 "당신은 외국인이고 우리 문화에 관심을 가진 사람이니 예외적으로 표 한 장을 발행해주겠다"고 해서, 어느 해 11월에 열렸던 겔렌하우젠의 '중세 도시 재현행사'에 참여할 수 있었다. 참여한 사람이 1000명이 넘을 정도로 대성황이었다. 나도 그날만은 마치 중세 유럽인이 된 기분이었다.

중세 유럽에서는 지난 몇 세기 동안 많은 여인이 마녀로 몰려 죽었다. 사회학자 베링거 교수의 통계에 의하면 5만~6만 명이 희생되었다고 한다(학자마다 약간씩 다른 통계를 제시한다). 억울하게 불에 타 죽거나, 물에 빠져 죽거나, 심하면 바퀴에 매달려 돌려진 채 죽어갔던 수많은 억울한 영혼들이다. 만약 한국이라면 억울한 영혼을 달래는 지노귀굿(씻김굿)이라도 열어줄 수 있을 터인데……. 그런데 최근 한국 문화와 독일 문화를 잇는 연결고리가 생겼다는 반가운 소식이 들린다. 안드레아 칼프라는 독일 여인이 한국의 중요무형문화재 김금화 만신에게 신내림을 받았다는 기사가 신문에 실린 것이다. 신내림을 받은 안드레아 칼프 씨는 독일에서 해마다 굿을 열고 있다고 한다. 기회가 닿는다면 안드레아 칼프 무당에게 "억울하게 죽어간 중세의 마녀들을 위해서 당신이 한국의 지노귀굿을 올려줄 수 있느냐"고 청하고 싶다. 이들의 억울한 영혼이 분명 아직도 구천에 떠돌고 있을 것이니 말이다.

이렇게 실제 독일에서의 체험과 연구물이 어우러져 한국에서의 첫 작품인 『중세의 뒷골목 풍경』이 탄생했다. 독자 여러분이 이 책을 읽으며 각자의 견해로 중세 유럽을 냉철하게 비판할 수 있는 안목을 키울 수 있기를 기원한다. 또 이런 시각과 비판을 바탕으로 중세 유럽문화사에 대한 소양을 더욱 넓힐 수 있기를 바란다.

2011년 11월

양태자

1부

중세의 뒷골목 인생

거지, 유랑인, 누더기 옷을 모으는 사람, 동물 가죽 벗기는
사람, 방앗간지기, 목동, 시체 묻는 사람, 유대인, 사형집행인,
목욕사, 광대, 유랑악사 등 '길거리에서 움직이며 살아가는
비주류 인생'은 중세의 한 축을 담당했다. 조합도 만들지
못한 '낮은' 직업의 사람들이 도시 인구의 반 이상을 차지할
정도로 넘쳐났다.

타락천사의 다른 이름, 유랑악사

유랑악사 또는 광대에 대해서는 교회가 그동안 부정적인 의미로
색칠해온 것이 사실이다. 성서의 시편에 나오는 구절 때문이다.
요약하면 광대의 가슴에는 신이 존재하지 않는다는 것이다.
중세인은 이들을 신의 모상과는 떨어진 마귀와 가깝게 여겼다.

중세 도시에는 시민과 비시민이 존재했다. 시민은 시에서 마음껏 자유를 누릴 수 있는 대신 시민으로서의 의무와 규정을 준수해야 했다. 전쟁이 일어나면 즉시 전쟁터로 나가야 했고, 평화로울 때도 성벽 쌓기 등 일에 동원되고 세금을 냈다. 비시민은 사유재산이 없고 시민으로 등록되지 않은 사람이다. 그렇지만 이들도 세금과 방위 의무는 갖고 있었다. 허드렛일을 하면서 살았지만 어쨌든 이 도시에서 벌어먹고 살았기 때문이다. 이들 외에 '손님시민'이라는 그룹이 있었다. 귀족 출신인데 어떤 도시에 잠시 와 있거나 혹은 일 때문에 잠시 머무르는 돈 많은 상인이 이 부류에 속했다. 이들은 수입이 많고 재산도 제법 소유한 사람들이어서 어떤 법적인 그룹에는 소속되지 않았지만 정치적인 영향력이 상당했다.

당시는 수공업자, 부유한 소상인, 맥주제조자, 시 서기, 약국 운영

자, 화가, 시골 농장 소유주 등이 중산층에 속했다. 이들 외의 부류는 비주류 인생으로 보아도 무리가 없다. 시민증이 없거나 손님시민 중에서 돈 없는 이들도 여기에 속했다. 이들은 한마디로 '길거리에서 움직이며 살아가는 사람들'이었다.

중세 도시의 뒷골목에는 이런 비주류 인생이 넘쳐났다. 누군가 오물을 토해내도 그걸 피해서 사람이 없는 곳으로 달려가지 않았다. 그 자리가 이들의 삶의 터전이었기 때문이다. 삶의 기본구조인 의식주가 부실하다 보니 병이 들면 속수무책이었다. 특별한 약도 없던 시대였기 때문에 거리에는 나병환자와 몸 일부가 없거나 상처 입은 거지가 득시글거렸다.

종교도 큰 역할을 하지 못했다. 당시의 수도자는 윤리의식이 일반인보다 못한 사람이 많았다. 길거리에서 흥청거리며 술 마시고 다니던 이가 부지기수였고 성적으로도 문란했다. 반대로 기존 종교에 염증을 느낀 나머지 교회를 박차고 거리로 나와서 설교하는 수도자도 생겼다. 거리의 설교자가 등장하면, 그렇지 않아도 사는 게 지겹고 심심했던 '길거리에서 움직이며 살아가는 사람들'이 구름같이 몰려들어 설교에 귀를 기울였다. 그들은 설교에 감화를 받으면 그 자리에서 소리 지르고 노래 부르며 폴짝폴짝 뛰기도 했다. 광장에서는 공개 처형이 늘 행해졌고, 이것을 흔한 구경거리로 여겼다.

이런 낮은 계층이 한 도시마다 약 40~60퍼센트를 차지했다. 도시 인구의 반 정도는 '길거리에서 움직이며 살아간 사람들'이었다. 1380년 뤼벡의 인구는 2만 2000~2만 4000명이었다. 그 중 42퍼센트가 '낮은' 계층에 속했다. 인간이 이런 대접을 받는데 동물은 오죽

했겠는가? 골목마다 죽은 쥐, 고양이, 개가 가득했다. 1400년 말부터 뉘른베르크에서는 사람을 고용하여 뒷골목에 죽어 있는 동물을 치우도록 했다는 기록이 전해진다.

골목으로 들어가면 '낮은' 직업인이 더욱 많았다. 간질병 환자 등 병자가 골목 귀퉁이에 하릴없이 주저앉아 있는가 하면, 어떤 이는 묘기를 부리며 동냥을 했다. 예를 들면 붉은색 천으로 눈을 묶은 뒤 이렇게 외치는 것이다. "얼마 전 도둑에게 당해서 눈을 다쳤으니 한 푼 보태 주십시오." 보따리장수나 바구니 짜는 사람, 냄비 때우는 이들도 골목을 돌아다니며 소음에 일조를 했다. 비주류 인생의 '낮은' 직업은 수두룩했다. 누더기 옷을 모으는 사람, 동물 가죽 벗기는 사람, 뚜쟁이, 가축 도살하는 사람, 목욕탕의 종, 이빨 뽑는 사람 등이었다. 이들은 이 골목 저 골목 돌아다니며 각자의 방법대로 일감을 찾아다녔다. 빠질 수 없는 이들이 또 있다. 동물 가죽 다루는 사람, 방앗간지기, 목동, 시체 묻는 사람, 유대인, 사형집행인, 목욕사, 광대, 유랑악사가 그들이다. 돈이 없기 때문에, 비천한 직업 때문에, 종교 때문에 아니면 다른 여러 가지 이유 때문에 이들은 '길거리에서 움직이며 살아가는 사람들'이 되었다.

모두 하층민이었지만 그들끼리의 알력도 상당했다. 가축 도살하는 사람은 동물 가죽으로 물건 만드는 제혁공에게 거리를 두었고, 제혁공은 동물 가죽 벗기는 박피공을 외면했다. 조합을 만든 직업군은 조합을 만들지 못한 '낮은' 직업군을 경멸했다. 또 수입이 전혀 없거나 조금밖에 없는 가난한 사람, 중환자, 과부 그리고 고아도 멸시의 대상이었다. 귀족과 부자는 이들과는 아랑곳없이 다른 구역에

위는 거리의 악사. 아래는 악기를 연주하고 있는 노부부(루카스 판 라이덴 그림)

모여서 호의호식 하면서 잘살았다. 독일에는 몇백 년 전부터 전해져 내려오는 말이 있다. 어떤 신하가 왕비에게 "민중이 지금 '빵'도 못 먹고 있습니다"라고 보고하자 왕비가 "그럼 쿠헨Kuchen을 먹으면 되지 않겠느냐"라고 말했다는 이야기다(쿠헨은 독일인이 오후 3시에 커피와 곁들어 먹는 '다른 종류'의 더 비싼 빵이다). 거리의 사람이 어떻게 살든 귀족과 왕실은 그들의 삶에는 관심이 없었다는 이야기이다.

노래 부르고 춤추며 광대짓에서 번 돈은 달걀 하나 값

'길거리에서 움직이며 살아가는 사람들' 중 유랑악사와 유사 부류인 노래하고 춤추며 악기를 다루었던 광대의 삶을 살펴보자. 이들은 중세 이전부터 존재했는데, 게르만족의 자료에 이미 이들의 이야기가 언급되어 있다. 교부학자 테르툴리안(Tertullian, 약 160~220)과 성인 보니파티우스Bonifatius는 특히 '바이에른과 프랑켄 지방 사람들이 밤낮 도처에서 마시고 춤추며 비그리스도적인 풍습으로 살고 있다'는 기록을 남겼다. 이런 풍습이 이어져 내려오다가 도시가 형성되면서 '길거리에서 움직이며 살아가는 사람들' 무리에 합류한 것이다.

유랑악사는 악기 연주하며 먹고 살았으니 거지보다는 나은 축에 속했다. 악기 하나 들고 온 방방곡곡을 떠돌아다닌 유랑악사는 마음에 드는 마을이 나타나면 거기서 잠시 머물렀다. 특히 마을 잔치가 열리는 곳은 그들 세상이었다. 물론 약간의 보수를 받긴 했지만 그리 대단한 것이 아니었다. 달걀 하나를 선물받을 때도 있었다. 당시는 먹고 살기 어려운 시대이다 보니 달걀 하나도 닭 한 마리처럼 귀중한 선물에 속했다. 어쩌다 귀족의 잔치에 부름을 받으면 크나

길인이 넘쳐난 중세 도시의 뒷골목 풍경

큰 행운이었다. 풍족하게 먹고 마시고 든든하게 배를 채울 수 있었기 때문이다. 심지어 어떤 귀족에게는 옷까지 제공받았다. 노래 부르고 춤추고 때로는 광대 짓까지 곁들인 이들 때문에 잔치 분위기는 흥겨웠다.

1343년에 독일 바이마르에서는 규정을 내렸다. 잔칫집에서는 팀파니, 트럼펫, 현악기, 하프 등을 연주한 유랑악사에게 4실링 이상의 돈을 주어서는 안 된다는 것이었다. 당시 4실링의 가치가 어느 정도인지는 알 길이 없다. 그렇지만 이들의 보수에 시가 관여했던 걸 보면 연주비 때문에 시비가 많았던 모양이다. 작은 규모의 잔칫집에 불려간 유랑악사가 보수가 너무 적어서 연주를 하지 않겠다고 버티면, 즉시 이들은 도시에서 쫓겨났다. 다른 한편으로 이런 사람을 욕하거나 때려도 처벌받지 않았다고 1299년 독일 파싸우Passau 시의 기록이 전한다.

재미있는 기록도 있다. 한 추기경이 유랑악사를 불러 실컷 즐기고 나서는 돈 지불을 거절했더니 그 유랑악사가 추기경의 비싼 겉옷을 찢었다는 것이다. 1192년에는 유랑악사 때문에 죽은 마그데부르크 대주교의 이야기가 전해진다. 대주교 비히만Wichmann의 관저에서 한 유랑악사가 익살을 피우면서 연주를 했다. 그 내용은 알려져 있지 않다. 이 광대의 농담에 대주교는 엄청 놀라서, 연회석에서 즉시 나가라고 광대에게 소리쳤다. 그렇지만 광대는 대주교의 말을 농으로 받아들였다. 그러자 주교는 폭풍 치듯 소리를 지르면서 그를 쫓아 냈다. 5개월 후 주교가 죽었는데 이 유랑악사 때문에 죽은 것이라고 사람들은 믿었다. 왜 5개월이 지난 후의 죽음을 이 광대에 돌렸는지 이해하기 힘들지만 대주교의 죽음에 대한 죄값은 그 유랑악사가 받았다.

'길거리 연주자조합' 만들어 신분상승을 꾀하기도

유랑악사 또는 광대에 대해서는 교회가 그동안 부정적인 의미로 색칠해온 것이 사실이다. 성서의 시편에 나오는 구절 때문이다. 요약하면 광대의 가슴에는 신이 존재하지 않는다는 것이다. 중세인은 이들을 신의 모상과는 떨어진 마귀와 가깝게 여겼다. 종교 안에서도 해석이 다양하다. 프란치스코회 수도자인 베르트홀트(Berthold, 1210~1272)는, '하늘에 10명의 천사가 있었는데 한 천사가 신에 의해

땅으로 떨어져 악마가 되었다. 이들이 바로 유랑악사 내지는 광대이다'라면서, 이들을 악마와 같은 사람이라고 정의했다. 그렇지만 토마스 아퀴나스Thomas Aquinas는 다른 해석을 하였다. 그는 이런 광대들이 '인간에게 기쁨과 위안을 줄 수 있는 존재이며 이 지구상에서 꼭 필요하다. 다만 부활절을 맞이하기 전인 40일간의 사순절 시기 동안에는 이들을 피해야 한다'고 했다. 그러면서 아퀴나스는 이들을 삶의 동인이 되는 존재라고 정의했다.

교회가 아무리 이들을 성서의 잣대로 멸시해도 민중은 웃음을 쏟아내는 이들을 잔치나 축제가 열리는 곳에 불러들였다. 특히 귀족들은 광대를 축제 때마다 불러들이다가 14세기부터는 왕실 전속 악사광대를 만들었다. 그렇지만 모든 악사광대들이 이런 대접을 받았던 것은 아니다. 한 설에 의하면 광대들은 왕실에 웃음을 선사하기 위해 들어간 것이 아니라는 것이다. 신의 모상과는 다른 광대들을 통해서 인생의 무상을 깨닫고 다시는 죄를 짓지 않기 위해 귀족들이 불러들였다는 것이다. 그래서 중세 초기에는 몸이 비정상인 난쟁이 등을 광대로 만드는 경우가 많았다.

도시가 발달한 13세기 초부터는 악사들은 시의 고용살이로 살기 시작했다. 악사들의 힘이 강해지면서, 푸대접 받거나 아니면 짧은 행운을 잡으면서 살아갔던 이들이 차츰 자구책을 강구하기 시작했다. 자연스럽게 길거리 연주자조합이 탄생했는데 1288년 빈에서 결성된 '니콜라이형제회'가 그것이다. 이들은 각자가 지녔던 음악적인 재능을 이 형제회에서 마음껏 펼칠 수 있었다. 이 단체에 가입하지 않은 사람은 연주와 노래와 익살을 아무 데서나 할 수 없었다. 이런 일을 계기로 다른 연주조합도 생겨났다. 독일에는 1407년 우츠나흐에서 연주조합이 결성되었고 심지어 왕의 허가를 받은 곳도 있었다. 법적인 보호에서 제외되었던 이들도 조합 결성을 통해서 신분이 급상승하였다. 인정받는 직업으로 정착하자 죽어갈 때도 병 치료를 받을 수 있을 만큼 신분도 상승하였다. 이들의 삶의 경로를 들여다보면 중세에서 처음부터 '저급' '고급'으로 나뉜 직업군은 없다는 것을 알 수 있다.

중세의 암호 전달자 유랑인

유랑인들이 그들만의 결속을 다지기 위해 사용했던 '은어'는
시간이 흐를수록 다듬어지고 대물림되어 '나쁜 일'에 주로 사용되었다.
현재 알려진 은어는 약 6437개이다.

몇 년 전 독일 에센에서 '국제경찰 전시회'가 열렸다. 그때 비상한 관심을 끌었던 것 중 하나가 '독일 도둑들의 언어'에 관한 전시였다.

독일어로 '가우너Gauner'는 도둑이라는 뜻이다. 사전적 의미로는 사기단, 악당이라는 뜻도 있다. '가우너'는 12~13세기부터 기록에 나타나는데, 일정한 주거지역 없이 유랑하면서 자기들만의 특별한 은어를 쓰는 자들을 일컫는 말이다. 그러나 우리의 관심은 단어의 정의가 아니라, 그들이 세상과 분리된 채 자기들만의 은어를 쓰면서도 어떤 식으로 살아남을 수 있었는지를 살펴보는 일이다.

일반 정착민이 법과 질서를 지키면서 자신들의 생존을 보장받고 일상을 유지했다면, 길에서 떠돌면서 살았던 유랑인은 법과 질서에서 벗어난 삶을 살 수밖에 없었다. 법의 보호를 받지 못한 그들은 생존을 위해 똘똘 뭉쳐야 했다. 그러나 출신도 다르고 언어도 서로

달랐기에 소통하는 데 어려움이 많았다. 유랑인은 세상으로부터 그들을 지켜주고 묶어줄 통일된 언어가 필요했다. 그래서 자연스럽게 탄생하고 발전한 것이 그들만의 공통 언어인 은어였다.

결속력을 다지기 위해 불가피하게 사용했던 은어는 시간이 흐를수록 다듬어지고 발전하면서 그들 안에서 대물림되었다. 은어 속에는 이들이 지나온 자취와 역사가 고스란히 녹아 있다. 가우너의 은어 연구에 일생을 바친 학자 볼프는 유랑인이 몇백 년을 내려오면서 사용하고 발전시켰던 은어를 일종의 '창조'라고 정의했다.

유랑생활을 하다 보면 고발당하기 일쑤였고 생존을 위협하는 장소를 지나갈 수밖에 없다. 이때 그들은 자신들만이 알 수 있는 암호를 전해서 위험을 방지하려고 애썼다. 먼저 위험 장소를 지나갔던 유랑인이 다음에 올 사람이 사고를 당하지 않도록 특별한 표징을 남긴 것이다.

그들은 주로 교회와 수도원의 담벼락이나 경당 부근에 암호를 남겼다. 고발, 고소, 밀고를 당하는 장소가 그곳이었기 때문이다. 암호를 남길 때는 석탄이나 분필 또는 빨간 초크를 사용했는데, 석탄이나 분필이 없으면 버들가지를 엮거나 꼬아서 암호로 대신하기도 했다. 돌담 벽에 새길 경우는 뾰족한 것을 도구로 사용했다.

단순한 정보교환에서 범죄 모의까지 진화를 거듭하다

그들의 당면 과제는 먹고 자는 것을 해결하는 것이었다. 떠돌다가 어떤 마을에 도착하면 제일 먼저 찾아야 할 곳이 끼니를 때우고 몸을 누일 수 있는 잠자리였다. 먼저 마을을 거쳤던 유랑인은 후에 온

히에로니무스 보스의 그림 〈유랑자〉

Beispiele für Gaunerzinken:

∅	Übernachtung möglich	⋀⋀⋀	Achtung, bissiger Hund	○	hier gibt es nichts
⊥	alleinstehende Person	Ⅲ	Hund	⊕	hier gibt es Essen
∥	alte Leute	✕	Vorsicht, nicht vorsprechen	⑧	hier gibt es Geld
大	kein Mann im Haus	≢	hier wohnt Polizei	△	für Arbeiten gibt es etwas
⌒	nur Frauen im Haus	⬡	abhauen!	V	krank spielen lohnt sich
+	fromm tun lohnt sich	⧛	hier gibt es etwas	▭	Gefahr von Prügeln!

'여자 혼자 사는 집, 매 맞을 수도 있는 집' 등 마을의 사정을 적어놓은 암호

사람에게 숙식에 관한 정보를 이런저런 은어로 제공했다. 나중에 온 사람은 이 암호를 해독해서 어느 집에서 가장 배부르게 얻어먹을 수 있는지, 어떤 집 주인이 경건하고 자선하는 걸 좋아하는지, 들어가서는 절대 안 되는 선술집은 어디인지 필요한 정보를 쉽게 파악했다. 예를 들면 '집 주인 성격이 아주 난폭함' 아니면 '이 집엔 여자만 산다' 등의 재미있는 은어 표징도 있었다.

단순한 정보교환에서 시작했던 은어는 날이 갈수록 여러 방면으로 진화를 거듭했다. 나중에는 정당방위와 자구책 등을 강구하는 단계에 이르면서 그들만의 특유한 문화가 자연스럽게 형성되었다. 또 기존의 질서와 단체들이 유랑인을 겁박하는 것을 거부하고 대항하기 위해서 그들은 은밀하게 비밀조직을 결성하기도 했다.

프리드리히 실러가 1781년에 쓴 『강도들』이라는 작품에는 유랑인이 강도가 아닌 당당한 자유 쟁취자로 그려져 있다. 그러나 낭만과는 거리가 먼 몹쓸 강도도 있었다. 당시 유명한 역사학자 다비드 볼레르는 1597년에 '길을 가다가 강도를 만나 돈 40굴덴과 보따리 두 개, 책을 빼앗겼다. 목숨을 건질 수 있었던 것이 다행이다'라는 기록을 남겼다. 1500년경 소나 말을 훔치는 것이 전문이었던 에르하르트 파이어라는 도둑에 관한 기록을 보면, 그는 훔친 소와 말을 한꺼번에 팔지 않고 하나씩 팔아치우는 교활한 사람이었다. 소 한 마리에 생계를 걸고 살아가는 당시 사람들에게는 소나 말을 잃는 것이 매우 치명적이었을 것이다.

차츰 유럽 각국에서 유랑인들에 대한 비판의 소리가 높아졌다. 부자를 상대로 저지른 일은 낭만으로 포장할 수 있지만, 가난한 농부를 대상으로 훔치는 것은 서로를 죽이는 짓이나 다름없기 때문이다. 루카스 크라나흐는 1563년에 발간한 교리책에서 '그런 도둑들은 마귀가 씌워진 인간'이라고 규정했다.

경찰의 추적을 받다가 붙잡히면 그들은 대개 감방이나 교수대에서 비참하게 최후를 마감했다. 이런 삶은 대부분 가난에서 비롯되었지만, 유랑으로 그것을 해결할 수는 없었다. 오히려 중세 후기로 갈수록 유랑인의 삶은 더욱 비참해졌다.

역사학자 뢰은 정직한 삶을 살았던 '가우너'에 대해서 언급했다. 그에 따르면 유랑인이 가장 편하게 모이는 곳은 주로 시장터였다. 그들은 시장에서 허드렛일을 해주고 알게 된 사람들을 통해서 하룻밤 잠자리를 해결했다. 마을 이장에게 신뢰를 얻어서 얼마간 그 마을에 머물러도 좋다는 허가를 얻으면 마을에서 겨울을 날 수 있는 데다, 가지고 다니던 상품도 팔 수 있었다. 유랑인들은 이 마을 저 마을로 다니면서 특별한 물건을 팔곤 했는데 가장 인기 있는 것이 성인聖人의 유골이었다.

당시 교회에서는 어려운 라틴어로 미사를 진행했는데 알아듣지 못하는 사람들이 많았다. 사람들은 자연히 어려운 교리나 의식보다는 눈에 보이는 성물 쪽에 관심을 가졌다. 그 중 하나가 죽은 사람의 뼈였다. 중세인들은 유골이 병을 치유하는 능력을 갖고 있다고 믿었다. 만약 그 유골이 성인 성녀의 유골일 때는 부르는 게 값일 만큼 엄청나게 비싼 값으로 팔렸다. 당시는 이런 희소가치를 노려 가짜를 진짜 성인의 유골이라고 속이는 경우가 허다했다.

11세기 초 라둘푸스 글라버라는 한 수도자가 남긴 기록을 보면,

유랑인들은 늘 궁핍함을 벗어나지 못했고 떠도는 생활을 하다 보니
여러 가지 위험에 직면할 때가 많았다

당시는 가짜가 성행하다 보니 진짜라는 증서까지 끼워팔곤 했다는 것이다. 1474년에 발생한 한스 사건에서도 유사한 사례가 등장한다. 그는 어느 날 순교한 그리스도 교도의 팔뼈를 장사꾼에게 샀다. 유골이 진짜라는 증서와 함께였는데, 유골은 물론 그 증서마저 가짜였다. 가짜를 파는 장사꾼 중에 떠돌이 유랑인이 많이 섞여 있을 것이라는 추측은 얼마든지 가능하다.

마을과 마을에 생생한 정보를 전달해주었던 유랑인

15~16세기에는 유랑인 무리가 증가해 일반인에게 원성을 샀지만 유랑인의 긍정적인 측면도 분명 있었다. 중심부가 아닌 외지의 격리된 마을에 살았던 주민에게 유랑인은 요긴한 정보통 구실을 했다. 유랑인은 마을에 들어가 사람들과 친숙해지고 나면 그들이 여기저기서 주워들었던 세상 체험을 고스란히 전달했다. 라디오나 TV를 상상할 수 없었던 시대인 중세에, 주민들에게 바깥세상을 전해주는 유일한 채널이 유랑인의 목소리였다. 유랑인은 그들에게 '걸어 다니는 라디오'나 마찬가지였다. 만약 500년 전의 유럽을 상상하기 힘들면 1900년경 우리 시골 마을로 거슬러 올라가면 된다. 어느 날 보따리장수가 마을에 들어와서 여러 마을을 다니면서 보고 들은 생생한 세상 이야기를 호롱불 아래에서 구수하게 풀어놓는다면 마을 사람들은 '화면 없는 TV'를 보는 것처럼 신기함을 느꼈을 것이다.

그렇다면 500년 전 유랑인이 쓰던 은어는 어떻게 세상에 드러난 것일까? 1540년경 유럽에서는 살인과 방화가 자주 일어났는데, 그 범인이 쉽게 잡히지 않았다. 그러다가 방화사건 하나가 우연히 사전에 발각되었다. 잡힌 범인은 유랑인 중 하나였는데 범인이 그들만의 신호였던 은어를 법정에서 최초로 자백하면서 그들의 은어가 세상에 모습을 드러냈다. 범인들이 특정한 시간에 어떤 집을 습격해서 약탈하고 불을 지를 계획을 세울 때 은어를 사용했는데 경찰들이 살인방화범을 쉽게 잡을 수 없었던 이유는 이들이 은어로 비밀스럽게 정보를 주고받았기 때문이었다. 이때 드러났던 유랑인의 은어는 340개 이상이었다.

1930년대 독일 경찰은 은어에 대해 전문적인 지식이 있는 사람을 찾아나섰다. 그때 발탁된 사람이 볼프이다. 볼프는 베를린에서 '유랑인의 은어'에 대해 연구를 거듭하였고, 완성 단계에 이른 원고를 라이프치히 출판사에 넘겨주었다. 그러나 책이 인쇄되기 전, 전쟁이 일어나면서 자료들이 몽땅 유실되고 말았다. 전쟁이 끝나자마자 볼프는 복잡하고 까다롭고 기이한 유랑인의 은어 6437개를 재차 수집하였다. 다시 연구하고 해석을 붙이는 데 11년이라는 세월이 걸렸다.

제1차 세계대전 후 유럽은 범죄가 기승을 부렸다. 감옥은 죄수로 넘쳐났는데 죄수들은 교도관들이 전혀 이해할 수 없는 비밀 은어를 사용했다. 당시 경찰과 법원은 이 문제 때문에 골머리를 앓았기 때문에 은어 연구가 몹시 필요한 상황이었다. 중세 이래 점차 확산되었던 유랑인의 은밀한 표징이 오랜 세월 동안 이어져 범죄에 이용되었음을 여기서 알 수 있다.

'거지증서'가 없으면 구걸도 못해

부자는 거지에게 자선을 베풂으로써 천국으로 들어갈 수 있다고 믿었다.
중세의 거지가 크게 천대받지 않았던 것도 그 때문이다.
거지들은 구걸하면서도 당당하게 "신이 갚아줄 것이다"라고 소리쳤다.

가진 것 없이 남루한 차림으로 돌아다니며 남에게 얻어먹고 사는 사람을 '거지'라고 부른다. 거지는 인류사 이래 어느 시대에나 늘 존재했다. 그러나 시대마다 이들을 대하는 자세는 조금씩 다르다. 그리스와 로마 시대에는 거지들이 손님처럼 대접받았지만 중세 유럽에서는 골칫거리였다. 중세 유럽은 빈부 격차가 심했기 때문에 거리에 거지들이 넘쳐났다. 낮은 사회계층에 속하는 실업자, 화재로 집을 잃은 사람, 망한 수공업자, 직장을 잃은 하녀, 늙어 병들거나 신체장애를 가진 사람, 날품팔이 들이 거지로 전락하는 경우가 많았다.

1522년 개혁가 안드레아스 폰 칼슈타트Andreas von Karlstadt는 '온천지에 거지가 가득하다. 시골과 도시의 골목길에, 성당과 시장 앞, 도시 외곽에, 수공업자나 매춘부들이 사는 곳까지 거지가 우글거린다'는 기록을 남겼다.

1532년 독일 뷔르츠부르크의 문서에도 교회 앞이나 골목길에 힘 없는 거지와 구걸하는 자가 얼마나 많은지 증언하는 자료가 있다. 더 비참하게 보이기 위해서 갓난아이를 데리고 다니는 사람도 많았 다. 어떤 여인은 가짜로 임신한 것처럼 꾸몄고, 어떤 이는 간질병 환 자처럼 보이려고 비누로 만든 거품을 입에 품고는 거리에서 뒹굴기 도 했다.

1494년 세바스티안 브란트(Sebastian Brant, 1458~1521)는 여러 가 지 구걸 방법을 분류해서 글로 남겼는데 그가 남긴 글 중에는 1455 년 콘스탄츠에서 거지가 구걸한 돈을 남에게 빌려주고 이자놀이를 하다가 들킨 기록이 있다. 구걸하는 이들이 얼마나 많기에 이런 일 이 벌어진 것일까? 1700년경 독일 쾰른의 인구가 약 4만 명인데, 그 중 거지가 약 1만 명, 베를린은 약 11만 명의 인구에 1만 7000명이 거지였다. 도시에 거지가 없는 것은 상상도 못할 일이었다.

특별한 거지도 있었다. '의식주' 해결 때문에 어쩔 수 없이 거리로 나선 거지가 아니었다. 12세기 수도자나 평신도 중, 진정한 그리스 도의 정신을 따르면서 가난을 실천하고자 '종교적인 가난'을 선택한 사람들로, 부패한 교회에 염증을 내고 새로운 신앙생활을 찾아 나 선 이들이었다. 원래 수도원에 소속되었던 이들은 구걸을 하고 지냈 으며 교회에서는 그들의 생활을 새로운 신앙 형태로 인정했다.

그러나 수도원과 상관없이 바깥에서 민중과 함께 지내며 가난을 실천했던 '종교적 거지'들은 대개 이단으로 몰려 죽음을 당했다. 진 정한 그리스도 정신에 목마른 민중이 부패한 교회를 외면하고 오히 려 가난을 실천하는 새로운 '종교적 거지'인 설교가들을 따르게 되

위는 보스가 묘사한 〈거지의 다양한 트릭〉, 아래는 중세 화가 브뢰겔의 그림 〈거지들〉

자, 기존 교회가 불안에 휩싸이게 된 것이다. 이렇게 확산되었던 이단자들의 교회사는 너무나 광범위한 영역이기에 여기서 다 밝힐 수는 없다. 단지 이들의 이런 운동이 교회 개혁의 시발점이 되었다는 것은 밝힌다.

한때 쾰른 인구의 4분의 1이 거지였다

어쩔 수 없는 삶의 중압 때문에 구걸자의 생활로 빠져야 했던 보통 거지의 이야기로 돌아가자. 당시 몇몇 도시에서는 거지들이 그들만의 '동맹'을 결성해서 외부에서 온 다른 거지를 몰아냈다. 쾰른 지방에서는 1454년 동맹을 결성했고, 1411년 스트라스부르크에서도 거지들은 단체를 결성했다. 거지동맹은 동료들이 죽으면 촛불을 켜주고 미사를 올리며 서로의 결속을 다졌다. 거지들이 셀 수 없이 불어나서 상부상조하는 조직을 이루자, 시 당국은 손쓸 수 없을 정도로 어려운 상황에 직면하게 되었다.

15세기 이후 도시는 그들에게 대처할 새로운 방안을 내놓았다. 거지들에게 '거지증서'를 부여하기 시작한 것이다. 행정당국의 강력한 방어책인 '거지증서'는 즉시 위력을 발휘했다. 증서를 가진 거지들만이 허락된 시 안에서 구걸할 수 있게 된 것이다.

가장 오래된 거지 문서가 발견된 곳은 1478년 독일의 뉘른베르크이다. 이 제도와 규정이 효과를 보자 독일 전역 거의 모든 도시들이 뉘른베르크를 모델로 하여 '거지규정'을 확립했다. 합법적인 거지는 메달로 된 거지증서를 받았다. 이때부터 강력한 단속도 시작되었다. 증서 없이 불법으로 구걸하는 이가 발각되면 사정없이 성 밖으로 쫓아냈다. 거지들은 심하면 두들겨 맞았고, 불법적인 구걸을 계속하면 사형까지 당했다. 믿기 어려운 사실이지만 역사학자이자 시인, 법학도인 세바스티안 브란트도 같은 기록을 남긴 걸 보면 실제 그런 일이 있었던 모양이다.

얼마 뒤 흉년으로 기근이 들자 많은 농부가 거지로 전락했다. 나병환자도 늘었고, 예수를 죽인 민족으로 낙인찍혀 핍박받던 유대인도 그 틈에 끼어들었다. 이들은 적법한 구걸 행위를 사칭하기 위해 가짜 거지증서를 들고 다니면서 구걸하기에 이르렀다. 1550년 독일 뮌스터에서는 거지가 늘어나자 구걸하는 시간을 법으로 정했다. 거지들은 오전에만 구걸하고, 점심과 저녁은 구걸해서는 안 된다고 선포하기에 이르렀다. 일반인들의 고요와 평안을 위해서였다.

가진 자가 없는 자에게 자선하는 것을 사회적인 의무로 받아들여

거지들은 제도의 제약을 받을 만큼 성가신 존재로 취급 받았지만 낮은 계층의 사회 구성원으로서 일정한 역할을 한 것도 사실이다. 사회 시스템이 기능적으로 잘 돌아가기 위해서는 윤활유 역할을 하는 사람이 필요하다. 이들이 있었기에 중세 피라미드식 사회 시스템은 존속할 수 있었다. 중세의 거지는 심하게 천대 받지 않았는데 도대체 이들이 어떤 윤활유 역할을 했던 것일까?

중세의 해석이 재미있다. 부자들은 거지들이 있기에 자선의 기회를 가질 수 있다는 논리이다. 거지 덕분에 천국에 갈 사후세계를 준비할 수 있으니 부자가 오히려 감사해야 한다는 것이다. 받아먹는 쪽 역시 기부를 한 이를 위해 기도하는 것을 잊지 않았다. 그들은

"신이 갚아 줄 것이다Vergelt's Gott"라는 인사로 꼭 보답을 했다. 지금도 남부 독일에서는 무언가 남에게 받았을 때 고맙다는 인사를 이렇게 표현한다. 가진 자가 없는 자에게 자선하는 것은 사회적인 의무에 속했다. 규정해 놓은 약속은 아니었지만 이런 상부상조 구조를 오늘날의 관점으로 해석하는 학자도 있다. 직접적인 사회보장 제도가 따로 없었던 중세에는 주는 자와 받는 자 사이의 '암묵적이면서 사회적인 협정'으로 거지라는 사회계층이 존속할 수밖에 없었다는 것이다.

중세 유럽은 그리스도교가 사회를 지배했다. 이런 관습의 근원은 13세기 교회학자 토마스 아퀴나스에서 유래한 것이다. 아퀴나스는 기도와 단식은 기본적인 신앙생활이라고 했으며 세상에 살면서 알게 모르게 지은 죄값을 사하는 방도가 있는데 그것이 바로 자선이라고 규정했다. 당대의 정신을 지배한 유명한 신학자의 말이 당시 그리스도교를 믿는 시민에게 어떤 신앙관을 부여했는지는 설명하지 않아도 알 것이다. 오늘날 많은 신앙인이 절이나 교회에 보시나 헌금을 많이 하면 죽어서 좋은 곳으로 가게 될 것이라고 믿는 것과 마찬가지 이치이다.

중세인들은 아이가 태어나거나 갓난아이를 처음 목욕시킬 때, 가축을 샀을 때는 특히 거지를 환영했다. 그런 날은 거지에게 자선을 베풂으로서 액운을 미리 물리칠 수 있다고 믿었다. 결혼식 피로연을 할 때, 혹은 이른 아침에 문을 나설 때 거지를 만나 적선하면 행운이 온다고 생각했다. 당시 시민들에게 최고의 행운은 새해 첫날 이른 아침에 거지를 맞닥뜨리는 것이었다. 새로 태어난 개를 끌고 길

부자는 거지들이 있기에 자선의 기회를 가질 수 있었다.
그렇기 때문에 거지들 역시 당당하게 구걸에 나섰다

을 가던 사람이 처음 만난 거지에게 개 이름을 지어 달라고 청하는 일도 빈번했다.

'거지증서' 등으로 다소 속박을 당하고, 어떤 이유에서든 극심한 가난 때문에 얻어먹을 수밖에 없는 팔자가 되었을지라도, 때론 일반인에게 행운을 가져다주는 선물 같은 존재로 살 수 있었다는 것은 상당히 특이한 일이다. 유럽의 사료에서 거지에 대한 기록이 많은 것만 봐도 알 수 있듯이 거지는 당시 시민에게 꼭 불행한 존재만은 아니었다.

물론 좋은 해석만 있는 것은 아니다. 나쁜 속설도 있다. 거지에게 빵의 가장 윗부분이나 가장 아랫부분을 떼어주는 사람은 언젠가 그도 거지가 되어서 얻어먹는 신세가 된다는 미신이다. 초상집에 온 거지에게는 자선을 베풀면 안 된다는 속설도 있었다.

프랑크푸르트나 쾰른에는 거지를 기념한 흔적이 도시의 거리 이름으로 지금도 남아 있다. 쾰른에는 'Schmierstrasse'가 있는데, '불결하고 지저분한 거리'라는 뜻이다. 옛날 그 거리에 거지가 득시글거렸다는 표징이다.

국가가 발급한 살인면허, 사형집행인

이들은 불명예스러운 직업을 가진 데다 최하층 천민에 속했다.
정식 사형집행인이 되면 전문 직업인으로서 지켜야 할 의무를 부여받았다.
가장 어려운 것은 사형자의 목을 한방에 쳐내는 일이었다.

중세 유럽인은 광장에서 사람을 공개 처형하는 날, 모두 광장에 나와서 축제처럼 이 광경을 즐겼다. 평범하고 지루한 일상사 중에 이런 유별난 구경거리를 보게 된 것을 그들은 무척 즐거워하였다. 이 잔인한 구경거리를 제공하는 사람은 사형집행인이었다.

중세에는 공개적으로 사형당한 숫자가 엄청나다. 뤼벡에서는 1371~1460년에 411명, 1462~1581년에 252명, 북부 독일의 작은 도시인 스트랄스운트에서는 1310~1472년에 684명, 베를린에서는 1399~1448년에 101명, 바젤에서는 1450~1510년에 250명, 브레슬라우(폴란드어로는 브로츠와프)에서는 1456~1529년에 454명이 사형당했다. 사료 기록자 프랑크 마이어가 전해준 통계이다.

사형집행을 직업으로 선택하려면 두 가지 중 하나를 통과해야 했다. 하나는 집안 대대로 대물림되는 경우이고, 다른 하나는 16세부터 실전교육을 거친 후 마이스터 자격증을 따고 집행인이 되는 방법이다. 정식 집행인으로 등록되면 전문직업인으로서 지켜야 할 의무를 부여받았다. 첫 전문 증명서를 가진 사람으로 사료에 기록된 이는 1276년 독일 아우구스부르크의 사형집행인이다.

사형집행인은 결코 쉬운 직업이 아니었다. 주어진 의무를 빈틈없이 이행하지 못하면 야유를 받았다. 가장 어려운 것은 사형자의 목을 한방에 쳐내는 일이었다. 만약 형 집행 때 단칼에 목을 베지 못하면 즉각 민중의 지탄을 받았다. 일을 잘못해서 동료에게 죽임을 당한 사람도 있었다. 15세기 중엽 독일 아우구스부르크에서는 단칼에 목을 베지 못한 사형집행인이 분노에 찬 민중이 던지는 돌을 맞으며 성 밖으로 쫓겨났고 결국은 몽둥이로 맞아죽었다. 1501년 빈에서도 같은 이유로 화가 난 민중이 사형집행인을 죽여서 그 시체를 들고 온 도시를 돌아다녔다.

1513년 1월 10일 9시 쾰른에서는 이런 일도 일어났다. 얼굴에 검은 천을 쓴 채 군중 앞에 꿇어앉은 쾰른 시장이 사형을 당하게 되었다. 사형집행인은 단칼에 그의 목을 베는데 성공했지만, 유감스럽게도 시장의 목은 주위에서 구경하고 있는 사람들 쪽으로 굴러갔다. 이 실수 때문에 사형집행인은 그가 속한 조직에서 즉시 쫓겨났다. 1575년 어느 지방에서는 취기가 있던 사형집행인이 도둑의 목을 한방에 베지 못했다. 설상가상으로 두 번째에도 목 대신 몸을 치는 실수를 범했다. 화가 치민 사람들은 그를 돌로 쳐죽였다. 한방에 목을 쳐야 한다는 불문율을 어겼기 때문이다.

1694년 안드레아 하우푸트라는 사형집행인은 교수형을 집행하기 위해서 매달아 놓은 도둑의 목을 능숙하게 베었다. 빠른 죽음을 위한 선의의 칼질이었는데 아뿔싸! 교수대 위에 묶여 있던 죄인의 몸이 그만 바닥으로 떨어지고 말았다. 그 결과 사형집행인은 시청 앞에서 3일간 벌을 받고, 30대의 매를 맞았다. 그후 그는 홧김에 자기 아내를 패다가 들키고 말았다. 죄가 점점 쌓인 그는 결국 사형집행인 자격을 박탈당했다.

일반인과는 식사도 할 수 없었던 '사회의 소외층'

사형집행인은 어떻게 살았을까? 이들은 불명예스러운 직업을 가진 데다 최하층 천민에 속했고 외출할 때 반드시 까다로운 규정을 지켜야 했다. 늘 붉은 코트를 입고 자신이 사형집행인이라는 표징을 드러내야만 했다. 길거리의 일반인이 의도적으로 이들을 피할 수 있도록 하기 위한 방편이었다. 그들의 몸에 있는 나쁜 기운이 일반인에게 전해지는 것을 막으려는 이유에서였다.

이들이 일을 끝내거나 휴일에 선술집에서 술 한 잔 마시고자 할 때도 지켜야 할 규칙이 있었다. 가게 주인에게 자기 직업이 무엇인지 미리 신고해야 함은 물론이고, 일반 손님에게도 양해를 구하고 허락을 받아야 했다. 술집에 있는 것을 용인받았다 해도 한 귀퉁이에 놓인 의자와 탁자에 따로 떨어져 앉아야만 했다. 일반인이 사용하는 식기와 컵도 사용할 수 없었다. 술집에는 사형집행인만 쓰는 식기와 컵이 가게 벽에 사슬로 묶여 따로 걸려 있곤 했다. 1546년, 술에 잔뜩 취한 한 수공업자가 이런 금기를 어기고 사형집행인과 한 식당 같은 자리에서 우연히 음식을 먹었다. 이 수공업자는 자격증을 빼앗

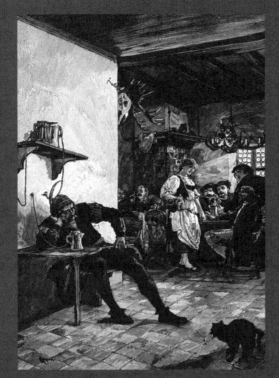

식당에 들어간 사형집행인이 조롱당하는 모습

동물의 껍질을 벗기는 박피공은 사형집행인의 유일한 이웃이었다

겼을 뿐만 아니라 조직에서도 쫓겨났다. 치욕을 감당하지 못한 수공업자는 스스로 목숨을 끊었다.

사형집행인은 일반 주거지에서는 살 수 없었고, 성곽 안에서 사는 것조차 봉쇄되었다. 교회에서도 일반인과 다른 장소에 앉아야만 했다. 중세에 일반화되었던 공중목욕탕에 가는 것도 금지되었다.

이들의 결혼식이나 장례식은 교회에서 거부당하기 일쑤였다. 일반인과 결혼하는 것은 당연히 있을 수 없었다. 결혼은 같은 사형집행인끼리 하는 것이 일반적이었다. 독일의 다이블Deibl 가문, 스위스의 그로스홀츠Grosholz와 폴마르Vollmar 가문, 프랑스의 사송Sason 가문 등이 사형집행인으로 유명했던 가문이다. 특히 프랑스의 사송 가문은 루이 16세와 왕비 마리 앙트와네트의 목을 친 사형집행인 가문으로 유명하다.

예외적으로 사형집행인 가문과 혼인할 수 있는 집단이 박피공 가문이다. 박피공은 동물의 껍질을 벗기는 사람이기 때문에 죽은 동물의 역겨운 냄새가 늘 몸에 배어 있었다. 부패한 동물의 껍질을 벗길 경우 전염병을 퍼뜨릴 소지도 다분히 있었다. 따라서 이들 역시 성곽 바깥에서 살았다. 일반인과의 교류도 금지되었고, 식당에 들어가는 것도 사형집행인과 같은 절차를 밟아야 했다.

사형집행인의 자녀는 일반 가정의 아이들과 함께 놀 수 없었다. 부인이 아이를 낳을 때에도 조산원을 부르지 못했다. 그들은 본업 외에도 시에서 일어나는 크고 작은 잡다한 일을 처리했다. 어린아이를 죽인 살인자를 생매장하거나 거리의 똥을 치우는 일, 시체를 묻을 구덩이를 파는 일 등이었다. 주인 잃은 떠돌이 개를 잡거나 좀도둑을 처벌하고 나병환자를 시 밖으로 쫓아내는 일도 그들 몫이었다. 시에서 일어나는 모든 더럽고 어려운 잡일은 그들이 도맡았다.

사형집행인은 비록 사회에서 푸대접을 받고 살았지만, 특권 아닌 특권이 하나 있었다. 여러 종류의 궂은일을 통해서 거두어들이는 짭짤한 부수입이 그것이다. 그들은 가난에 허덕이지 않았다. 부수입을 올리는 일거리도 다양했는데 가장 대표적인 것이 일종의 의료 행위였다. 사형집행을 하면서 사람의 뼈 구조에 대한 지식을 충분히 습득했던 그들은 다쳐서 부러진 곳을 찾아 적절하게 고치는 능력이 뛰어났다. 당시에는 골절을 당하면 치료목욕사나 의사를 찾았는데 그들이 고치지 못한 환자들은 사형집행인을 찾아갔다.

약제사나 골절치료사로 일하며 많은 돈을 벌기도 했다

사형집행인은 죽은 사형수의 몸에서 뽑아낸 기름을 재료로 특별한 연고를 만들어서 팔기도 했다. 사형수의 피는 피부질환이나 간질병 특효약으로 만들었고, 피부는 관절염 환자에게 제공했다. 그들은 야생식물의 효능을 잘 알고 있었다. 신비하고 비밀스러운 약초로 조제한 연고는 환자에게 환영을 받았고 큰 수입을 올리는 데 일조했다. 시체를 직접 팔기까지 했는데, 그때 생기는 수입 또한 무시할 수 없었다.

19세기까지 사람들은 목이 잘린 사람의 피에 묘한 치유력이 있다고 믿었다. 사형당한 사람이 죽으면서 흘린 피가 스며든 수건이 특히 불티나게 팔렸다. 젊은 나이에 죽은 사람의 뼈 속에는 아직도 생명의 에너지가 충만하게 남아 있다고 중세인들은 생각했다. 당시에

중세에는 잔인하게 사람을 고문하고 여러 가지 방법으로 사람을 죽였다.
공개 처형할 때면 마을 사람들이 구름처럼 몰려들어 이 광경을 즐겼다

는 이런 뼈 부적을 지니고 다니는 게 유행이었다. 사형당한 이의 뼈를 추려서 부적을 만들면 돈벌이가 되었다. 교수대의 시체 조각도 소중한 부적에 속했다. 심지어 사형집행인의 칼이나 시체의 복사뼈 관절이 큰 행복을 가져다준다고 믿기도 했다.

이러니 사형집행인이 얼마나 많은 돈을 벌었겠는가. 1382년 뉘른베르크에서는 한 번 사형집행을 하면 2굴덴을 벌었다. 이 돈은 당시 목수들의 한 달 월급보다 많은 돈이다. 약 150년이 흐른 뒤인 1525년 아우구스틴이란 마이스터 사형집행인의 재산은 114굴덴이었다. 프랑크 마이어의 자료에 나오는데, 그 돈이면 매우 큰 부자에 속했다. 사형집행인들은 가장 가까운 이웃인 박피공과 공동 작업을 하기도 했다. 박피공도 동물의 껍질을 이용한 제혁업을 했을 뿐 아니라 동물의 뼈를 모아 비누를 제조해서 팔았다.

사형집행인과 관련해서 사랑 이야기도 전해진다. 어린이를 살해한 한 소녀가 사형 선고를 받았다. 사형을 집행하기로 했던 담당관이 몸이 아파서 오지 못하게 되자 로텐부르크에서 온 청년 사형집행인이 대신 그 일을 맡았다. 소녀를 보고 첫눈에 반한 사형집행인 청년은 시장에게 간곡하게 허락을 구했다. 수수료를 일체 받지 않을 테니 이 죄인을 살려 달라고, 그래서 아내로 삼을 수 있게 허락해 달라고 했다. 시의회는 청년의 청을 수락했다. 단 사형집행인의 자격을 포기하고 소녀와 함께 도시를 영원히 떠나는 조건을 붙였다.

17세기 중반 독일에서는 사형집행인이었던 남편 대신 아내가 교수대에서 도둑을 교수형에 처한 기록도 남아 있다. 독일의 마지막 사형집행인은 단두대에서 3000명이 넘는 사람을 처형한 요한 라이히하르트이다.

사형집행인의 사례를 통해 알 수 있는 또 다른 사실은 당시에도 신분의 높낮이에 따라 판결이 일관성을 잃고 들쭉날쭉했다는 것이다. 독일에는 그래서 생긴 말이 있다.

'좀도둑은 사형당하고, 큰 도둑은 제발로 걸어 다닌다.'

인류의 적, 신을 죽인 자, 저주받은 '유대인'

부정적인 이름이 유대인에게 붙여진 이유는 메시아 예수를 십자가에
못박아 죽인 민족이 유대인이기 때문이다. 그 때문에 수많은
세월 동안 그리스도 교도는 유대인을 모함하고 박해를 가했다.

2500년 전부터 유대인은 유럽인과 역사를 공유했다. 그럼에도 유대인과 유럽인은 오랫동안 적대 관계 속에서 살았다. 유대인과 함께 사는 것이 금지된 시기는 1179년부터이다. 14세기부터 유럽에서는 유대인을 강제적으로 어떤 특정 장소에 모여 살게 법으로 정했다. 이 장소가 바로 유대인들의 군집 지역인 게토Ghetto이다.

게토라는 말은 수상도시인 이탈리아 베네치아에서 유래하였다. 독일어로는 유덴가세Judengasse라고도 하는데 '유대인이 모여 사는 골목'이라는 뜻이다. 유대인은 성곽이나 시장 가까이에서 게토를 이루어 살았다. 유대인은 아무리 돈이 많더라도 그리스도 교도들이 사는 땅에서는 살 수 없었다. 유대인은 게토 안에서만 의식주를 해결할 수 있었고 그곳에서만 자유를 보장받았다.

게토 밖으로 나오면 유대인은 특별한 옷이나 표징으로 자신이 유

대인임을 표시해야 했다. 볼 일이 있을 때는 성내로 들어갈 수 있지만 시간을 엄격하게 지켜야 했다. 낮에 모든 용무를 마치고 밤 10시 안에 반드시 게토로 돌아가야만 했다. 아예 게토 밖으로 나오지 못하는 경우도 있었다. 그리스도교 축제일이나 일요일은 성 안에서 유대인이 돌아다니면 절대 안 되는 날이었다. 게토에 사는 유대인의 숫자는 시간이 갈수록 늘어났다. 사료에 나오는 통계를 보면, 1463년 프랑크푸르트의 게토에는 110명, 1520년에는 250명, 1580년에는 1200명, 1610년에는 무려 2770명으로 늘어났다.

유럽인이 유대인에게 붙여준 명칭은 매우 고약했다. '우물에 독약 넣은 이' '인류의 적' '신을 살해한 자' '종교의식 살인자' '고리 대금업자' 등이다.

'우물에 독약 넣은 이'라는 별칭은 14세기 중반 페스트가 전 유럽을 강타했을 때 붙여졌다. 유럽인은 그들이 식수로 사용하던 우물에 유대인이 몰래 독약을 넣어서 전염병이 창궐했다고 생각했다. 이런 터무니없는 오해로 인해 1349년 2월 2일부터 24일까지 독일 튀링겐 주에 살던 수많은 유대인이 맞아죽었다.

부정적인 이름이 유대인에게 붙여진 이유는 메시아 예수를 십자가에 못박아 죽인 민족이 유대인이라고 생각했기 때문이다. 그 때문에 수많은 세월 동안 그리스도 교도는 유대인을 모함하고 박해를 가했다. 유대인 말살 정책을 펴다가 나중에는 마녀와 동등한 죄목으로 다루면서 무자비하게 죽였다. 역사학자 뢱은 13세기 말경 중세 유럽에서는 약 5000명 가량의 유대인이 살해되었다고 말한다.

유럽에 페스트를 퍼뜨린 것으로 오해 받기도

종교개혁가인 루터조차도 1543년 『유대인들에 관하여 그리고 그들의 거짓말』이라는 책을 써서 유대인을 비판했다. 루터의 개혁은 그리스도교 안에서 신교도의 개혁에만 머물렀다. 그는 그리스도교와 유대교의 벽을 뛰어넘지 못했다.

1242년 파리에서는 24개의 말수레에 유대교 서적을 잔뜩 싣고 왔던 종교개혁가들이 하루 만에 유대교 서적을 불사른 적도 있다. 유대인 출신 유명한 학자 마이어 폰 로텐베르크는 분노하면서 반발했지만 결국 살해당했다. 그를 죽인 것은 분노한 민중이 아니라 학문과 지성을 갖춘 파리 대학의 학자들이었다.

유대인이 이런 핍박을 받은 것이 과연 옳은 일일까. 성서에 따르면 어차피 예수는 십자가에서 죽임을 당하고 사흘 만에 다시 살아나야만 한다. 그렇게 되어야만 하느님의 계획대로 진행될 수 있는 것이다(누가복음 9장22절 참조). 하느님 아버지의 뜻에 따른 구원사업을 순조롭게 진행하기 위해서는 누구 손에 죽든지 간에 예수는 일단 십자가를 짊어지고 한 번 죽어야만 한다. 예수를 배반했던 유다도 마찬가지이다. 유다가 예수를 배반해야만 예수가 십자가에 못박힐 동기가 제공되는 것이다. 다시 말해서 유다는 본인의 의지에 의해 예수를 배반한 것이 아니며 오히려 예수의 길을 도와준 사람이라는 해석이다. 요즘 유럽에서는 유다에 대해 다른 해석을 시도하는 학자들이 많다. 유다는 배신자가 아니라 예수가 신神인 아버지의 뜻에 따른 지상과제를 실현할 수 있도록 도와준 조력자라고 말이다.

이해를 높이기 위해서 다음 예를 들어보자. 어느 성당에서 예수가 마구간에서 태어나는 장면을 극화한 어린이극을 올리기로 했다. 한 꼬마가 요셉과 마리아가 여관에 방을 얻으러 오면 "방이 없다"고 말해야 하는 여관집 주인 역을 맡았다. 그래야 요셉과 마리아는 여관방을 구하지 못하고, 성서에 나온 대로 예수를 마구간에서 낳을 수 있다. 드디어 막이 오르고 그들이 방을 얻으러 왔다. 꼬마 여관 주인은 요셉과 마리아가 불쌍한 나머지 그들에게 "방이 있다"고 말해버렸다. 그 결과가 어떠했겠는가? 연극이 계획대로 진행되지 못했음은 불문가지이다. 다시 말해서 신을 배신하고 죽였다는 이유로 유대인을 핍박한다면 이것은 신의 뜻이 아니라 단지 그들의 종교적 싸움인 것이다. 종교개혁가인 위대한 루터조차도 이같은 오류에서 자유롭지 못했으니 안타까운 일이다.

모함인가 복수인가, 살인 종교의식에 연루된 유대인들

종교학적인 관점은 여기서 일단 접고 유대인의 살인 종교의식에 관한 자료를 보자. 핍박과 수모를 당했던 반작용 때문인지 유대인 역시 수많은 잘못을 저질렀다. 12세기의 기록에는 도저히 믿을 수 없는 유대인의 살인 종교의식이 나타난다. 이들은 예수를 모독하려는 의도로, 축성된 성체를 훔쳐서 살인 종교의식에 사용하였다. 이런 행위를 들켜 고문을 받고 살해당한 사례도 있다.

전설적인 살인 종교의식에서 유대인이 그리스도교 어린이를 유괴하여 십자가에 못박고 그 아이의 피를 짜냈다는 기록도 있다. 아이 몸에서 짜낸 피는 유대인 종교축제와 의약용으로 사용했다. 인간의 피에 마술적인 힘이 존재한다고 믿었던 이들은 특히 갓난아이와 어린이를 유괴해서 비밀스러운 의식을 올렸다. 의식이 끝나고 죽은 아이를 먹기도 하고, 아이들의 피를 거룩한 안식일인 토요일에 마셨다는 기록도 있다. 믿기 힘든 수수께끼 같은 이야기이다.

부활절이 다가올 즈음, 그리스도 교도를 유괴하여 예수처럼 신성 모독적인 방법으로 십자가에 달거나 이와 유사한 방법으로 피를 흘리게 하면 언젠가는 유대인의 고향으로 돌아갈 수 있다는 미신이 그들 사이에 퍼진 탓도 있었다. 이 기괴한 이야기는 여러 자료를 통해 사실로 입증되고 있다. 15세기에 메르클린이라는 유대인이 법정에서 자백했는데 그는 그리스도 교도의 피를 뽑아서 약제용으로 사용했다는 것이다. 간질병에 걸린 아들의 병을 고치기 위해서였다는데 이 유대인 가족은 그후 산채로 불에 태워지는 형벌을 받았다.

유대인의 살인 종교의식에 관한 프랑크 마이어의 기록을 보면 1144년 영국, 1171년 프랑스, 1182년 스페인, 1235년 독일에서도 이와 비슷한 일이 일어났다. 유대인의 의식에 희생되었던 사람의 이름도 전해져온다. 1287년 베르너와 바카라흐, 1475년 시몬 트리엔트, 이들은 지금도 순교자로 숭배받고 있다.

1391년 스위스의 샤펜하우젠에서는 종교의식에 연루된 유대인 30명이 처형당했다. 프랑크 마이어는 유대인의 살인 종교의식이 얼마나 잔혹하게 진행되었는지, 1429년 라벤부르크에 남아 있는 자료를 통해 언급했다. 그때 비참하게 희생되었던 소년을 기리고 기념하는 경당이 지어졌는데 오늘날에도 그곳에는 순례객이 찾고 있다. 15세기에 유대인의 살인 종교의식으로 희생되었던 안드레아스와 시몬이라는 두 어린이는 전문가의 감정 끝에 사실이 밝혀져 복자 품에 오르

위는 유대인의 살인 종교의식을 그린 모습.
아래 그림에서 유대인은 안전하게 살 권리를 구걸하고 있다

기도 했다.

1235년 독일 프랑크푸르트 부근 풀다에서도 살인 종교의식 혐의가 드러났다. 성탄 전야에 화재가 나서 5명의 어린이들이 불에 타 죽었다. 그중 2명을 유대인이 미리 살해해서 약제용으로 쓰기 위해 피를 담아갔다는 소문이 나돌았다. 사람들은 그 지역에 살았던 유대인의 짓이라고 단정했다. 마침 그 지역에 있었던 십자군이 나서서 12월 28일 34명의 유대인을 색출해서 불에 태워죽였다. 유대인의 살인 종교의식 때문에 12세기말 프랑스에서도 재판이 진행되었다. 프랑스 법정은 유대인 남자 34명과 17명의 유대인 여자에게 개종을 강요했다. 그리스도교로 개종한다면 자유를 허락하겠다는 유혹도 곁들였다. 그러나 그들은 끝까지 개종을 거부했고 결국 화형을 당했다. 유사한 시기에 스페인에서도 80명의 유대인에게 사형선고를 내리고 장작더미 위에서 태워죽인 일이 발생했다.

당시 유럽인들은 사실인지 아닌지 알 수 없는 살인 종교의식을 굳게 믿었다. 유대인들에게 살인 종교의식을 중지하라고 했지만 유대인들은 아랑곳없이 유럽 전역으로 이 의식을 확산해 나갔다고 중세의 기록은 전한다. 유럽 전역에서 유대인이 문제를 일으키자, 전면적인 유대인 학살이 11세기말에 시도되었다. 유대인에게 그리스도교로 개종하든지, 아니면 죽음을 선택하든지 양자택일하라고 엄포를 놓았는데 대부분의 유대인이 의연하게 죽음을 선택했다. 그들은 제 손으로 아이들을 먼저 죽이고 난 후 자결했다. 유대인 아이들이 그리스도 교도 손에 죽는 걸 원치 않았기 때문이다.

1283년 마인츠에서는 10명의 유대인이 폭도에 의해 린치를 당하

가슴에 노란 동그라미를 단 유대인을 불에 태우는 모습

고 죽었다. 뮌헨에서는 180명의 유대인이 죽임을 당했고, 독일어권 도시에 살았던 1만 7000여 명의 유대인이 쫓겨났다. 이들이 간 곳은 동유럽이었다. 폴란드로 간 유대인들은 성대한 환대를 받고 정착하는 것처럼 보였지만 기쁨은 잠시뿐이었다. 거기서도 1500~1800년에 살인 종교의식으로 인한 89건의 고발과 재판이 진행되었다. 여기서 250명 가량이 사형당했다.

시간이 훨씬 흐른 1800년이 되어서도 유대인의 살인 종교의식에 관한 의심은 근절되지 않았다. 1891년 한 도시에서 어린이 시체가 발견되었다. 이때 의심받았던 이는 푸줏간 일을 하던 유대인 아돌프 부쉬호프라는 사람이다. 1892년 4월 고발당한 그는 160명의 증인에게 둘러싸여 심문을 당했지만 완벽한 알리바이를 증명해 그해 7월 풀려났다. 그렇지만 그가 법정을 나오기도 전에 군중은 그가 살았던 집을 부수어버렸다. 더 이상 푸줏간을 경영할 수 없었던 그는 끝내 다른 곳으로 떠나야만 했다.

18세기까지 서유럽에서 극심한 차별대우를 받았던 유대인들은 1800년~1914년 동유럽에서 또 다시 무서운 적대감의 표적이 되었다. 이처럼 유대인은 유럽 전 지역에서 비방과 중상모략, 박해 그리고 결국은 추방으로 이어지는 악순환을 반복했다.

수세기 동안 이어진 유대인에 대한 혐오는 20세기 인류사에 또 하나의 비극적인 자취를 남겼다. 바로 나치의 유대인 학살이다. 이 민족적이고 혈통적인 악감정이 생긴 근원은 종교와 종교 간의 반목에서 시작했다고 해도 과언은 아닐 것이다. 자기 민족이 선택한 종교만이 절대적 진리라고 주장하면서부터 생긴 무서운 혐오였다. 그 이면에는 실제 종교적인 문제뿐 아니라 서로간의 권력 확보를 위한 복선도 적지 않게 깔려 있음은 물론이다. 그것은 곧 밥줄의 문제로 이어졌다. 중세 유럽의 역사를 보라. 종교가 권력과 의기투합하여 저질렀던 죄악이 얼마나 많은지.

갓난아이를 없애라

독일에서는 아이가 태어나면 집에서 키울 것인지 아니면
갖다 버릴 것인지 가장이 결정했다. 갖다 버리지 않고 키운다 해도
결과는 비슷했다. 생활이 빈곤해지면 아이들을 종으로 팔았기 때문이다

부주의로 일어나는 영아 사고야 어쩔 수 없지만 의도적인 영아살해는 그때도 지금처럼 엄한 벌을 받았다. 남부 독일에서 영아를 물에 빠트려 죽인 사람, 북부 독일에서 영아를 말뚝에 묶어 산채로 매장한 사람은 모두 처형당했다.

1562~1696년에 프랑크푸르트에서는 영아살해 때문에 43명의 여자가 고발당했다. 그중 26명은 시에서 쫓겨났고 18명은 처벌받았다. 아우구스부르크에서는 1620~1786년에 15명의 여자가 영아살해죄로 죽임을 당했고, 뉘른베르크에서는 1503~1743년에 67명이, 단치히에서는 1558~1731년에 62명이 사형 당했다고 두엘멘 교수는 언급했다. 그가 언급한 사료를 살펴본다. 먼저 프랑크푸르트에서 일어난 사건이다.

고아였던 22세의 수잔나는 숙박업소에서 허드렛일을 하면서 살

았다. 그녀는 1770년에 손님으로 왔던 네덜란드 상인과 잠시 사랑에 빠져서 임신을 하였다. 그녀가 철저하게 임신 사실을 감추었기 때문에 의사는 임신으로 비대해진 그녀의 몸을 과로로 부은 것으로 오진했다. 임신 사실을 숨긴 채 일했던 그녀는 결국 숙박업소에서 해고당하고 말았다. 그녀는 혼자서 아이를 낳자마자 살해해서 버렸는데 사람들이 나중에 이 아이를 발견해서 그녀를 고발했다. 심문 끝에 그녀는 1772년 1월 14일 프랑크푸르트에서 많은 관중들이 지켜보는 가운데 사형을 당했다.

또 다른 이야기의 주인공은 아그네스라는 여자로, 그녀는 기혼인 군인과 관계를 맺어 임신을 했다. 이 사실을 안 군인의 아내와 그녀의 여동생이 합심하여 낙태할 방법을 찾았지만 실패했다. 아이를 낳자마자 그녀는 아이를 살해했다. 군인의 아내와 그녀의 여동생이 또

영아살해는 그때도 무거운 형벌을 받았다

나서서 살해한 아이를 몰래 묻어주었다. 1646년에 그 일이 들통 나자 그녀는 법정에 서게 되었다. 아그네스는 프랑크푸르트의 말을 파는 시장에서 칼로 목을 베였다. 물론 그 군인과 아내도 프랑크푸르트에서 영원히 추방되었다.

어느 시대나 처녀가 아이를 낳으면 수치심을 느끼게 되는 건 당연하다. 그녀들은 사회에서 매장 당할지도 모른다고 생각했을 것이다. 대개는 낮은 계층의 사람들이 영아살해를 저질렀다. 하루하루 먹고 살기 위해 험한 잡일을 했던 이들은 혼외임신이 발각되어 일자리를 잃을까봐 두려워했다. 그 당시 혼외관계로 아이를 낳고 그 아이를 살해한 여자들은 주로 이탈리아, 스페인, 포르투갈 출신이었다. 귀족의 집에서 일하다가 주인과 부적절한 관계를 맺은 경우가 많았다.

영아살해는 물론 불법이지만 먹고 살기 위해 어쩔 수 없는 선택도 분명 있었으리라. 당시는 비윤리적인 혼외관계에서 태어난 아이들은 평생 차별 대우를 받았다. 서민 여자는 원하지 않는 혼외임신을 하게 되면 처벌이 무서워 벌벌 떨었다. 들키게 되는 경우는 위의 사례에서 보는 바와 같이 목을 베이는 죽임을 당했다. 반면에 귀족은 혼외자녀를 두는 경우가 많았다. 정상적으로 결혼한 부인에게 아이가 없을 때는 더욱 이 관습이 용인되었다.

낳았다고 부모는 아니다, 팔려가는 아이들

중세 유럽에서 낮은 계층에 속했던 어린이들은 어떻게 살았을까? 가난한 부모는 아이를 귀족 집에 종으로 팔아버리는 경우가 많았고 7~8세의 아이를 부잣집에 급사나 종으로 보내 고용살이를 시키기도 했다. 또 수도원의 평수도자로 보내거나, 장사하는 집의 일꾼으로, 혹은 배를 타는 선원으로 보내기도 했다. 1300년경 유럽에 기근이 들었을 때는 이런 일이 더 흔했다.

형편이 좀 나은 경우도 있었다. 종으로 살던 집에 기거하면서 일을 배우는 아이들이다. 이런 아이들은 장래의 희망 같은 것은 가질 수 있었다. 그러나 속을 들여다보면 노동력 착취와 심한 학대를 견디지 못한 경우가 훨씬 많았다. 이 어린이들이 뛰쳐나가서 거지가 되는 일도 많았다. 로마 시대부터 중세에 이르기까지 이렇게 거리로 나선 아이들을, 못된 어른들이 붙잡아서 팔과 다리를 자르고 눈을 찔러 장님을 만들고 발까지 기형으로 만들어서 거리에 내몰아 동냥을 시키고 돈을 갈취했다. 처참한 이 이야기들을 전해져오는 대로 믿어야 할지 말아야 할지 모르겠다.

독일에서는 아이가 태어나면 집에서 키울 것인지 아니면 갖다 버릴 것인지 가장이 결정했다. 낳은 아이를 갖다 버리지 않고 키운다 해도 결과는 비슷했다. 위에서 언급했듯이 생활이 빈곤해지면 아이들을 종으로 팔고, 여자아이는 매춘부로 보내는 일이 빈번했다. 아이들은 주로 교회나 수도원 앞에 버렸다. 이런 일이 빈번해지자 당시 수도원에서는 문 앞에 애들을 버리고 갈 공간까지 마련했다.

'가난과 버림은 한 쌍의 짝'이라는 말이 있다. 부모에게 버림받은 어린이들이 무더기로 거리로 나돌자 사회적인 문제가 되었고 근절할 방안을 찾게 되었다. 그 하나가 마녀사냥이다. 유럽 전역에서 마녀사냥이 퍼졌을 때 뮌헨 지방에서는 가엾은 여자아이들을 마녀로 몰아 죽인 기록이 남아 있다.

독일의 라우 교수는 아우구스부르크에서 1618~1730년에 벌어진 어린이 마녀사냥에 관한 논문을 발표한 바 있다. 논문에는 당시 7~10세 남녀 어린이 45명이 마술을 부렸다고 죄를 뒤집어 쓴 사건이 등장한다. 그 중에는 교육적인 차원에서 가벼운 벌을 받은 아이도 있지만 사형선고를 받은 아이도 있었다. 라우 교수는 당시 어른들의 집단적인 마녀사냥 분위기가 아이들의 세계로 자연스럽게 흘러들어 갔다고 말한다. 이 분야에서 많은 연구를 한 베버 교수는 1660년경 로이틸링겐, 1675~1689년 잘츠부르크에서 일어났던 어린이 마녀사냥을 연구했다. 독일 뷔르츠부르크 문서실의 기록을 바탕으로, 17세기 유럽에서 일어난 어린이 마녀재판을 다룬 연구이다. 그는 1627년~1629년에 10세 이하의 어린이 27명이 마녀로 몰려 화형을 당하고, 1647~1655년에는 어린이 5명이 마녀로 몰려서 죽었는데 그 중에는 15세의 페터와 또 다른 어린이가 포함되었다고 보고했다. 당시에는 거리에 넘쳐났던 아이들을 마음만 먹으면 마녀라고 내몰 수 있었던 사회였다.

특히 장애아나 기형아는 마녀의 자식이나 악마의 자식으로 간주하면서 더욱 배척했다. 그들의 진짜 부모는 사람이 아니라 마귀나 사탄이라고 생각했다. 당시에는 쌍둥이가 태어나면 가문의 수치로 여기며 버리는 사람도 많았다. 쌍둥이가 태어난 것은 여자가 여러 명의 남자와 잠을 잤기 때문이라고 생각한 것이다. 중세는 과학보다 미신을 숭상하는 사고가 머리에 깊이 박혀 있는 미혹의 시대였다.

2부

뒷골목 사람들은
어떻게 살았을까

중세 유럽인은 하루에도 3~4개의 목욕탕을 옮겨다닐
정도로 목욕을 좋아했다. 이들은 목욕탕에서 친구를 만들고
자식들의 혼담을 나누었다. 탕에서 먹고 마시며 놀다가
취한 상태에서 싸움질까지 했다. 덩달아 도둑과 사기꾼이
등장하면서 범죄자의 비밀스런 은닉처로 사용되기도 했다.
교회는 풍기문란을 경고했지만 목욕탕은 더욱 음란한 장소로
변해갔다.

동성애를 단속한 '밤의 관청'

동성애자는 중세 유럽에서 희생되었던 마녀들과
동일한 죄목으로 처벌받아 무참한 죽임을 당했다.
이들을 단속한 수사대의 이름이 '밤의 관청'이다.

어느 시대, 어떤 민족을 불문하고 동성애자는 있었다. 동성애도 인간문화사의 한 부류가 틀림없다는 증거이다. 하지만 이들은 긍정적인 시각보다는 비판적인 견해에 몰릴 때가 많다. 동성애는 시대마다 주류 문화를 이루지 못하고 아웃사이더로 취급받기 일쑤이다.

동성애는 여자끼리 사랑하는 레즈비언과 남자끼리 사랑을 나누는 남자 동성애로 나누는데 독일에서는 남자 동성애를 조도미Sodomie나 조도미텐Sodomiten 또는 호모섹수알리테트Homosexualität라고 한다. 두 단어는 시대마다 조금씩 다른 의미로 받아들여졌다.

교회학자 히에로니무스Hieronymus는 죄짓는 자들을 무조건 조도미텐이라고 칭한 반면에, 교부학자 그레고리는 정욕 때문에 법정에서 벌받는 자들로 그 대상을 한정했다. 11세기 중반 베네딕토회의 수도자 다미아누스Damianus는 '영혼을 좀먹게 하고, 자손번식이 불

가능한 비정상적인 섹스를 하는 자'를 동성애자라고 단정했다. 그가 인정한 유일한 정상 성애는 오직 자손 번식이 되는 남녀 간의 경우뿐이다. 수음으로 사정하는 자는 무조건 죄인으로 단죄했다. 토마스 아퀴나스도 그와 유사한 정의를 내렸는데, 그에 따르면 항문과 입으로 하는 성애는 큰 죄악이었다. 아퀴나스가 증오한 더 큰 죄악은 동물을 범하는 수간이다. 프란치스코회의 수도자 콜데(Kolde, 1435~1515)도 이런 종류의 비정상적인 성애를 크게 죄악시하면서 비판했다.

반면 동방교회에서는 한동안 남자 사이의 사랑을 동성애로 간주하지 않았다. 두 남자가 쌍을 이루어 살면 '선택 형제'라고 불렸고, 교회의 축성까지 받을 수 있었다. 역사학자 프랑크 마이어에 의하면 동방교회에서는 이들이 죽으면 함께 묻어주기까지 했다고 한다.

신분과 계급을 잊고 동성애에 빠지다

동성애는 남아메리카의 잉카와 마야문명에서도 나타나고, 그리스 시대에도 동성애가 성행했다는 기록이 남아 있다. 기원전 378년경 그리스에는 300명의 동성애자로 구성된 군인단체가 존재했다. 동성애를 즐겼던 이 군인단체는 전시에 목숨을 다해 싸웠다. 그들은 부양할 가족이 없었기 때문에 죽음을 두려워하지 않고 용감하게 싸울 수 있었다.

역사 속에 족적을 남긴 사람 중에는 로마 황제 하드리아누스 (117~138), 알렉산드로스 대왕(B.C. 356~B.C. 323), 레오나르도 다빈치(1452~1519), 미켈란젤로(1475~1564), 교황 식스토 4세(Sixtus IV, 재위 1471~1484)가 동성애자로 알려져 있다. 이중 가장 흥미로운 사람은 교황 식스토 4세이다.

교황 식스토 4세는 동성애자였을 뿐 아니라 방탕하고 허영심이 가득한 데다 호화로운 생활을 즐기고 금전욕이 대단했던 인물이다. 많은 관직을 뇌물을 받고 팔아치웠고, 곡식을 빌려주고 고리대금으로 폭리를 취했다. 식스토 4세가 죽던 날 "오늘은 행복한 하루이다" 라고 민중이 환호하면서 손뼉을 쳤다고 하니 폐해가 짐작이 간다. 그에 대한 사료를 기록으로 남긴 인물은 교황과 같은 시대를 살았던 바티칸 참사회의 기록사 스테파노 인펫수라이다. 주교 리우트프란드Liutprand가 886~950년의 교황들에 대해 평가한 기록에도 유사한 부분이 나타난다.

동성애는 역사의 그림자로 감추어져 있는 경우가 많다. 거물급이 아닌 일반인의 동성애는 더 말할 필요가 없다. 이들의 자취는 주로 법정 기록이나 재판의 판결문서에 남아 있다. 동성애를 특별한 죄악으로 규정하고 강력하게 법으로 금지시켰던 이는 6세기 중엽 비잔틴 제국의 유스티니아누스Justinianus 황제다. 그는 동성애로 인한 죄악 때문에 지진 같은 재난이 일어난다고 단정했다. 동성애자였던 당시의 유명한 주교 2명을 가차없이 단죄한 것도 그였다. 주교 1명은 사형시켰고, 다른 주교는 거리로 끌어내 민중의 조롱을 받게 한 뒤 처단했다.

1276년 독일 아우구스부르크의 시청 자료에는, 동물과 성교한 사람의 이야기가 기록되어 있다. 1473년 쾰른에서는 18명이 동물과 성교하다 들켜서 몰살당했다는 자료가 있다. 1365년에 살았던 시몬

중세인의 삶을 엿볼 수 있는 사육제의 거리 풍경. 브뤼겔의 그림〈사육제와 사순절의 전투〉

푸르란이라는 여자의 이야기는 그 중에서도 특별하다. 이 여자는 염소와 '그런 짓'을 하다가 오른쪽 손목이 잘렸다는 것이다. 당시 독일의 이런 통계는 이탈리아의 베네치아와 피렌체에 있는 통계 기록에 비해 아주 미미한 숫자라는 것이 프랑크 마이어의 주장이다. 1418년 한 해 동안 베네치아에서 동성애와 수간으로 인해 재판에 회부된 사건이 무려 500건이 넘었다고 한다.

사건을 일으키는 곳은 공원, 항만, 병기창고뿐만 아니라 집, 사교춤 추는 곳, 가요학교, 이발소 등 다양했다. 약사, 수염 깎아 주는 이발사, 귀족, 수도자 등 동성애자의 신분도 다양했다.

1432년 페스트 때문에 유럽 인구는 엄청나게 감소했다. 젊은이들이 결혼으로 인구를 늘려야 할 판인데 동성애자가 늘면 인구 증가 정책에 중대한 걸림돌이 되기 때문에 단속을 더 강화했다. 한때 피렌체에서는 동성애를 공공연하게 드러내도 수치가 아니었다. 때문에 피렌체에서는 동성애를 처벌하겠다는 방이 내걸리고, 특별단속 수사대가 결성됐다. 이 수사대의 명칭이 '밤의 관청Behoerde der Nacht'이다. 이후 70년이 지나서야 밤의 관청을 없앴다고 하니 당시 동성애가 얼마나 유행했는지 짐작이 간다.

중세 유럽에는 템플 기사단이라는 유명한 성지기사단이 있었다. 성지참배를 하는 순례자를 보호할 목적으로 형성된 집단이었다. 이 집단에 소속된 기사들은 유사 수도자들처럼 지낸다고 알려졌지만 실상은 이단을 숭배하고 동성애에 취해 있으며 재산을 지나치게 모으고 있다는 보고가 필리프 4세에게 들어갔다. 그들에 대한 처벌은 가혹했다. 성지기사단 군인들은 화형에 처해지고 조직은 해체되었다. 그들이 소유했던 재산은 물론 국가로 귀속 되었다. 1507년 독일 밤베르크의 형사재판소에도 이와 유사한 자료가 남아 있다. 유럽에서는 18세기까지 이런 일들이 지속되었으며 이 테마를 가지고 많은 예술가들이 작품을 창조했다. 보카치오(1313~1375)의 작품 『데카메론』이 대표적인 사례라고 할 수 있다.

발각되면 마녀처럼 화형에 처해져

동성애자는 발각되면 대부분 불에 태워지는 중형을 받았다. 1464년부터는 처벌이 더욱 강화되었다. 1500년 사창가 포주였던 라다라는 여인은 '그런 짓'을 하는 장소를 제공했다가 들켜 불에 태워졌다. 또한 동성애자는 중세 유럽의 무거운 문화 속에서 희생되었던 마녀와 동일한 죄목으로 다루어졌다. 독일 레겐스부르크에서 17년간 동성애자로 살았던 한 남자는 단두대에서 목이 잘렸다. 취리히 문서실에서 나온 자료에 의하면 동성애는 법정문서에서 세 번째로 큰 죄목으로 간주되었다. 1400년부터 약 400년간 총 1400여 명이 사형선고를 받았는데, 그 중 747명은 개인범죄였고, 193명은 살인죄 그리고 179명이 동성애 때문에 사형선고를 받았다. 당시 유럽을 공포의 도가니로 몰아넣었던 마녀사냥에 걸려든 이가 그곳에서 80명에 불과한 것을 보면, 동성애가 얼마나 무거운 죄였는지 짐작할 수 있다.

중세 후기로 갈수록 처벌은 더욱 엄해졌다. 동성애자를 새장이나 우리에 가두어 굶어죽이거나 공공장소에서 거세하기도 하고 사지를 자르기도 했다. 무려 200명의 동성애자가 그와 같은 벌을 받았다고 중세 쾰른의 법정자료가 증언하고 있다. 당시는 그리스도교의 엄격한 보수적 교리가 중세인의 삶을 지배하던 시대였다. 당연히 동성애는 교회법과 성서계율대로 단호하게 처벌받았다. 동성과의 성애는 종족보존 원칙에 위배되므로 죄악으로 규정할 수밖에 없었던 것이다. 더구나 동성애를 지진이나 페스트 같은 재난의 원인으로 규정하면서부터는 그들을 불에 태워죽여도 아무런 가책을 느끼지 않았다.

사료에 언급된 기록 중 주목할 만한 것은, 서민에 비해 귀족이나 수도자가 동성애에 더 관심을 가졌다는 사실이다. 동성애가 중세 수도원에서는 비일비재하게 일어났다고 헤르겜 우엘러 교수는 전한다. 그러나 처벌 받는 동성애자는 대부분 서민이었고, 지체 높은 지도층 계급이 극형을 당한 것은 미미했다. 신분에 따라 처벌도 달랐던 것이다.

많은 세월이 흐른 후 지금은 동성애를 인간의 한 단면으로 보는 사람들이 대부분이다. 동성애자가 화형을 당하는 일은 생각할 수도 없을 뿐 아니라 동성애가 더 이상 터부시 되지도 않는다. '각 종교에 나타난 동성애자들' '각 문화 안에 나타난 동성애자들' 같은 테마로 활발한 연구도 이루어지고 있다. 독일에서는 여자끼리 사랑하는 '레즈비언'을 긍정적으로 연구하는 학자들도 많이 있다. 앙겔라 스타이델레가 그 대표적인 예이다. 그녀는 '1750~1850년에 독일어권에서 일어난 여성끼리의 사랑'이라는 테마로 박사학위를 받았다. 또 '영성 신학자' 누구누구 하듯이, 이름 앞에 '동성애 신학자'라는 칭호가 붙은 이들도 많다.

언젠가 독일의 한 TV 방송 대담 프로그램을 본 적이 있는데 유명한 생명윤리신학자 쇼켄호프 교수가 한 주교에게 질문을 했다. "동

교회에서는 성을 억눌렀지만 일반인들 사이에서는 비교적 성문화가 개방적이어서
각종 사회 문제가 빚어지기도 했다. 특히 동성애는 큰 죄악으로 간주하고 엄하게 처벌하였다

성애는 과연 죄입니까?" 하고 그가 묻자 주교는 "동성애는 당연히 죄"라고 대답했다. 쇼켄호프 교수는 반박했다.

"어느 누구도 개인의 성性적인 취향 때문에 차별받아서는 안 됩니다. 인간의 성적인 소양은 윤리의 문제가 아닙니다. 동성애 경향이 있는 사람도 결국은 신의 모상에 따라 창조된 하나의 피조물입니다. 그렇기에 다른 이들과 똑같이 존엄하게 대우받을 권리가 있습니다."

현재 동성결혼을 법적으로 허용한 국가는 독일, 네덜란드, 벨기에, 스페인, 영국, 남아공화국, 캐나다 등이다. 미국은 몇몇 주가 동일한 법적 권리를 인정한다. 이들 국가는 동성끼리 법적인 부부가 되는 것을 인정하며 자녀 입양의 권리까지 이성커플과 동등하게 허용한다. 동성커플 결합을 존중하는 국가는 스웨덴, 헝가리, 노르웨이, 덴마크, 아이슬란드, 포르투갈 등이다.

독일에는 시장이 된 사람도 있다. 클라우스 보버라이트다. 그는 자신이 동성애자임을 텔레비전에서 당당하게 밝혔는데 2001년 이래 3번이나 재당선되었다. 베를린 시민들은 "동성애는 그의 사생활일 뿐, 우리는 발전하는 베를린을 만들려고 애쓰는 사람을 필요로 한다"며 그를 옹호했다.

동성애를 용인하면 과연 건강하지 못한 사회가 될 것인가? 이 문제는 찬반의 입장으로 다룰 수는 있지만 선악의 잣대를 들이댈 수는 없다. 중세와는 달리 우리 사회가 동성애를 단순히 도덕적 판단으로 긍정하거나 혹은 부정할 수 없는 사회가 되었음은 분명하다.

시에서 세운 매춘의 장소 '여성의 집'

시는 공식적인 매춘 장소 '여성의 집'을 만들었다.
여성들의 강간을 막고 보호하기 위해서라는 허울좋은 설명을 붙였다.
덕분에 시는 큰 돈을 벌 수 있었다

중세 유럽인이 이해했던 성性은 무엇일까? 중세는 1000년이 넘는 긴 시간이므로 초기와 후기로 나누어 살펴본다. 중세 초기는 엄격하고 보수적인 성윤리가 전제된 사회였다. 반면에 후기로 갈수록 제약은 느슨해졌다. 예를 들어 중세 초기에는 여자의 허락 없이 손을 잡으면 독일 화폐로 15실링, 팔을 만지면 30실링, 가슴을 만지면 45실링을 지불해야 했다. 당시 1실링이면 수소 1마리를 사고, 2실링으로는 암소 1마리를 살 수 있었다. 아마도 이 비싼 대가는 우리의 '남녀칠세부동석'이라는 성관념처럼 남녀 사이의 엄격한 경계를 상징하는 의미일 것이다.

그런데 14세기 말부터 성性을 바라보는 눈이 달라졌다. 남녀의 육체는 성적 차별을 떠나 그저 자연스러운 존재로 받아들여졌고, 성기性器 또한 그 일부로서 신에게 받은 것이라는 인식을 갖게 되었다는 게 캄마이어-네벨의 주장이다. 같은 그리스도교 문화를 공유한 중세지만 이렇게 세기마다 다른 사고가 민중을 지배했다.

중세 후기 유럽의 성관념이 어떠했는지 알 수 있게 해주는 곳이 '여성의 집'이다. 이 집은 14세기 말에 생긴 공식 매춘장소이다. 시에서 직접 매춘부를 고용하여 돈을 받고 성性을 제공했다. 여기에 취직한 여인들은 먹고 사는 문제 때문에 매춘부가 된 하층민이 대부분이었다. 간혹 혼전임신이나 강간을 당한 여성이 생을 포기하고 이런 집으로 흘러 들어와 매춘을 하면서 살기도 했다.

그들은 쉽게 성병에 걸렸을 뿐만 아니라 사회적인 대접 또한 제대로 받지 못했다. 그들이 시민으로서 일부 권리나마 누리게 된 것은 1450년 이후 가능했다. 포주의 눈에 거슬리기라도 하면 그날로 쫓겨났다. 다른 일자리를 구하기 힘든 그들은 다시 가난이라는 굴레 속으로 떨어져 거리를 떠돌며 살 수밖에 없었다.

주홍글씨처럼 표시를 붙이고 다녀야 했던 매춘부

당시 유럽에는 집 없이 거리에서 사는 여인이 수두룩했다. 자연히 이런 여인을 사고파는 직업인이 등장했다. 1400년경 프라이부르크에 살던 한 남자가 이런 여인을 유혹해서 사창가에 팔아넘기다가 들켰다. 그는 영원히 도시에서 추방당했다. 스트라스부르크와 뇌르들링겐에서도 거리를 떠돌던 여자를 매춘굴에 팔았다는 기록이 남아 있다.

매춘부가 되면 일반인과 확연히 구별되는 차림을 해야 하고, 극심한 차별을 견뎌야 했다. 1490년경 독일 뷔르츠부르크 주교였던 루돌

프는 이런 여인들에게 거부할 수 없는 지시를 내렸다. 외출할 때 의무적으로 빨강, 노랑 그리고 녹색 등의 색깔로 매춘부 표시를 하도록 한 것이다.

독일의 로텐부르크에서는 그들에게 의무적으로 빨강과 검정 머리 수건을 쓰도록 했다. 뮌헨 근교의 아우구스부르크에서는 손가락 2개 정도 넓이의 줄무늬를 그려넣은 숄을 걸쳐야 했다. 라이프치히와 드레스덴에서는 짧은 노란 코트를 의무적으로 입어야 했다. 오스트리아 빈에서는 노란 숄을 어깨에 걸치도록 했다. 취리히나 빈에서는 빨간 모자를, 프랑크푸르트에서는 노란색을 덧댄 옷을, 쾰른에서는 붉은 머리 수건을, 뤼벡에서는 검은 띠 두른 모자를 써야 했다. 어떤 지방에서는 신발에까지 노란 리본을 달아야 했다. 그 시절에는 노란색, 특히 유황색을 악마의 색으로 생각했다. 이렇게 눈에 띄는 차림으로 외출해야 일반인이 그 표징을 알아차리고 매춘부의 몸에 손도 닿지 않게 조심할 수 있다고 생각했다.

교회에서 이들을 대하는 태도는 더욱 가관이었다. 매춘부들은 미사에 참석해도 일반 교인과 멀리 떨어진 자리에 앉아야 했다. 매춘부들은 수입 중 상당 부분을 교회에 예물로 바쳤다. 사후세계를 위해서였다. 그렇게 하지 않고 죽을 경우 그들의 영혼은 천국도 지옥도 아닌 연옥에 오래 머물게 되며, 예물을 많이 바칠수록 죽어서 천국에 빨리 들어갈 수 있다고 믿었다. 오늘날 시각으로 보면 터무니없는 믿음이지만 그것이 매춘부를 위안하는 유일한 종교적 수단이었다. 매춘부는 죽고 난 후에도 교회의 축성을 받으면서 땅에 묻힐 수 없었다. '여성의 집' 뒤쪽에 있는 땅에 쓸쓸하게 묻히는 경우가

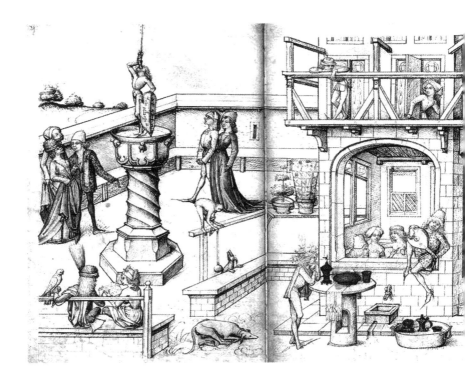

'여성의 집'은 시에서 만든 공공의 매춘장소였다.
미혼 남성뿐만 아니라 수도자, 관리들도 그곳을 즐겨 찾았다

대부분이었다.

매춘부를 그토록 불경한 죄인 취급하면서도 중세의 도시에서는 왜 이런 매춘굴을 공적으로 경영했을까? 이런 공창을 만들어 매춘을 관리해야 강간을 막고 일반 여자를 보호하기 위한 제도적 장치를 확보할 수 있다고 시에서는 주장했다. 그야말로 남성 위주의 사회다운 모순에 찬 주장이 아닐 수 없다. 가진 것 없는 여인을 희생하며, 일반 여인을 보호한다는 것은 더욱 말이 되지 않는다. 그 당시 강간이 많았던 것은 사실이다. 1436~1486년에 중세 유럽의 한 도시에 125번의 강간범죄 재판이 열렸다. 1년 동안 경찰이 밝혀낸 강간만 해도 200번이나 된다고 역사학자 로시아우드는 밝혔다. 시에서 관리하는 공창 수입은 시 재정을 기름지게 했다. 결국 이런 돈벌이에 눈멀었기 때문은 아니었을까?

이 제도를 받쳐주었던 막강한 또 하나의 윤리적 근거는 거물 신학자 토마스 아퀴나스의 교리이다. 아퀴나스는 미혼 남자의 욕구를 이런 여자를 통해 채울 수 있다고 교리적으로 승인해주었다. 다만 일요일과 축제일 그리고 40일간의 수난주일만 피하면 된다는 것이 그의 논리였다.

매출의 약 20퍼센트는 수도자에게서 나왔다

'여성의 집'을 관리하는 포주에 대한 기록도 지나칠 수 없다. 남부 독일에서는 대개 남자가, 중부 독일에서는 여성이 포주로 일했다. 시에서 고용한 이들은 엄숙한 선서를 하고 의무를 부여받았다. 이들은 들어오는 수입을 관리하며, 한번 동침에 화대를 얼마 받아야 하는

지도 정했다. 문제 있는 여인은 직권으로 쫓아내는 등 '여성의 집'과 관련된 모든 영역을 책임졌다.

도나우 강변에 크렘스라는 작은 도시가 있다. 여기에 포주에 관한 문서가 남아 있는데 '여성의 집' 창녀에게 조달해야 할 품목까지 세세하게 기록되어 있다. 1460년에는 한 포주가 '여성의 집' 경영을 적자로 만들었다는 이유로 용병에게 쫓겨나기도 했다. 크렘스는 당시 무역업으로 번성했던 곳이다. 매춘부를 지키는 직업 파수꾼도 있었다. 거지나 천민으로 살던 이들 중 단단한 체격을 지닌 사람들이 '여성의 집' 근무자로 발탁되어 포주의 앞잡이 역할을 했다. 이곳에 우연히 들렀다가 신분상승의 기회를 얻은 운 좋은 자들이었다. 15세기 독일 스트라스부르크의 인구는 약 2만 명이었는데 시는 이곳에 '여성의 집'을 30개나 세웠다. 1497년에 뉘른베르크에서 가장 큰 '여성의 집'에는 26명의 여인들이 상주했다. 매춘장소의 공급과잉으로 이들끼리 서로 경쟁하다 싸움이 나서 법정까지 가는 경우도 종종 있었다.

매춘부가 자주 임신을 하는 것도 골칫거리였다. 1470년 독일 뇌르들링겐에 살던 엘제라는 한 매춘부는 임신을 해서 포주로부터 엄한 꾸중을 받고 약초로 만든 약을 마시고 낙태했다. 이 사실이 알려지자 결국은 시가 개입하여 수사를 했고 그녀는 영아살해죄를 뒤집어썼다.

'여성의 집'에서 매춘부가 받는 화대는 얼마였을까? 등급에 따라 다르지만 보통 하루에 독일 화폐로 5페니히, 숙박하면 10~15페니히 정도였다. 당시 노동자 일당이 18페니히 정도였으니 비싼 편은 아니었다.

처음에는 미혼 남자와 수도자는 '여성의 집'에 출입할 수 없었다. 만약 수도자가 이를 어겼다가 들키면 세속의 법정에 서는 것이 아니라, 수도원 자체에서 엄한 벌을 받았다. 때문에 독일어권에서는 수도자와 관련한 법정자료가 그리 많이 남아 있지 않다. 그러나 수도자의 은밀한 출입이 많았는지, '여성의 집' 수입의 약 20퍼센트는 수도자에게서 나왔다고 프랑크 마이어는 폭로했다. 유대인도 이곳을 출입할 수 없었다. 유대인은 그리스도교 여자와 자는 것이 금지되었기 때문이다. 이를 어긴 유대인 또한 엄중한 벌을 받았다.

당시에는 장인 밑에서 일을 배우던 도제들이 스승 마이스터가 죽는 경우, 과부가 된 마이스터의 아내와 결혼하는 것이 유행이었다. 결과적으로 그것은 도제들이 빨리 마이스터가 되어 신분을 상승할 수 있는 길이었다. 이렇게 맺어진 부부는 대개 여자의 나이가 많았기에 성생활이 원활하지 않았던 모양이다. 갑자기 마이스터의 위치에 올라 재력이 풍부해진 것도 한 원인이었는지 나중에는 젊은 도제들이 '여성의 집'에 단골로 등장했다.

공적인 환락의 장소로 변질한 '여성의 집'

토마스 아퀴나스가 해석해준 너그러운 교리 때문이었을까? 교황까지도 매춘에 관여했다는 기록이 남아 있다. 교황 식스토 4세는 로마에 공적인 '여성의 집'을 열었다. 여기서 조달한 자금을 그는 터키와의 전쟁에 물 쓰듯 썼다.

교황 클레멘스 6세(Clemens VI, 재위 1342~1352) 시절 로마에는 매춘부가 많았다. 역사학자 요제프는 클레멘스 6세가 매춘부에게 많은 세금을 부과했다고 기록했다. 교황의 직원들은 좋은 사창을 구입하는 데에 혈안이 되어 있었다. 클레멘스 6세는 화려하고 다채로운 연회를 즐기고 낭비벽이 심해서 브리지타Brigitta 성녀와 카타리나 Catharina 성녀는 그의 이런 생활을 몹시 비난했다. 교황 식스토 4세의 조카인 교황 율리오 2세(JulliusⅡ, 재위 1503~1513) 역시 1510년경 이 장사에 관여했다. 후에 이런 부도덕한 상행위를 그리스도교 정신이 더럽혀진 것이라고 생각했던 16세기 교황 비오 5세(Pius V, 재위 1566~1572)에 이르러 비로소 교회는 이 더러운 관행을 그만두었다.

아퀴나스까지 교회의 타락에 불을 지펴준 마당에 귀족이 빠질 수 있겠는가? '여성의 집'이 관청이나 귀족의 관심을 끌었던 것은 불문가지이다. 축제 때나 황제의 방문이 있을 때는 물론, 귀족의 결혼식에도 이 여인들은 수시로 동원되었다. 매춘부의 수입으로 재물을 쌓는 도시도 늘어났다. 1434년 신성로마제국 황제 지기스문트 (Sigismund, 1361~1437)는 그의 시종들과 함께 베른에 머물 때 '여성의 집'에 공짜로 드나들었고, 공적인 감사 편지를 베른 시 당국에 보내기도 했다. 알브레히트 2세(Albrecht II, 1397~1439)도 1438년 빈에 머물 때 '여성의 집'을 방문해서 시에서 제공한 와인을 마시면서 숙박했다고 한다. 프리드리히 3세(Friedrich III, 1831~1888)가 사신을 나폴리로 보냈을 때도 그들은 당연히 '여성의 집'에서 즐겼다. '여성의 집'은 이렇듯 처음 내세웠던 의도와는 달리 환락의 장소로 변질되었다.

쾌락과 돈벌이의 장소로 이곳을 이용했던 이들이 있는가 하면, 그

반대인 경우도 있었다. 1460년경 '여성의 집' 포주로 이름을 날렸던 사이난트라는 여인은 빚에 시달리는 매춘부를 극진히 보살핀 보기 드문 인물이었다. 13세기의 미노리트 베르트홀트나 1532년경의 루카스 하흐푸르트 같은 이도 매춘부로 살았던 불행한 여인을 돌보고 도움을 준 예외적 인물이었다.

하인리히 폰 포텐도르프 역시 빼놓을 수 없는 인물이다. 그는 1382년에 이 여인들이 매춘굴에서 벗어나서 새로운 인생을 살 수 있도록 수도원을 세웠다. 그 수도원이 히에로니무스 수도원 Hieronymuskloster이다. 매춘 생활을 청산한 여인들이 모여서 살 수 있는 보호시설을 제공한 것이다. 그의 이런 훌륭한 행적이 알려지자, 1384년 알브레히트 3세는 수도원에 모여 사는 여인들에게 '회개한 옛 매춘부'라는 이름을 붙여주고, 새로운 삶으로 돌아온 것을 축복하는 증서를 부여했다. 그녀들이 과거를 청산하고 미래에 천대받지 않고 살 수 있게 일종의 배려를 해준 셈이다. 또 갱생에 성공한 그녀들이 일반 수공업자와 결혼할 수 있도록 법을 제정하기도 했다.

그러나 수도원에 들어갔던 여자들이 수도원에서 나와 다시 매춘 행위를 했을 때는 엄한 벌로 다스렸다. 때로는 사형을 당한 경우도 있었다. 1501년에 한 여인은 수도원 생활에 적응하지 못하고 다시 몸을 팔았다. 이를 아주 무거운 죄로 간주한 사람들은 먼저 그녀의 임신 여부를 확인했고, 임신이 아닌 것이 확인되자 가차 없이 포대기에 집어넣어 도나우 강에 던져 버렸다.

15세기 초 유럽에 매독이 무서운 속도로 번지기 시작하자 '여성의 집'도 서서히 막을 내리기 시작했다. 나중에는 그런 곳을 찾는다는 자체를 간통으로 여겨 형을 살기도 했다. 말도 많고 탈도 많던 '여성의 집'은 이처럼 16세기 말부터 법적인 제제가 가해지면서 서서히 사라지기 시작했다. 독일 쾰른의 마지막 사창가는 1591년 12월 21일 문을 닫았다.

매춘이라는 것은 어쩌면 인류사에서 가장 오래된 장사일지도 모른다. 그것은 중세기에만 있었던 것도 아니고 시대와 장소를 불문하고 먼 옛날부터 차별당하면서도 인류사에 항상 그늘처럼 존재했다. 시대에 따라 그 직업이 대우받느냐, 받지 못하느냐의 차이가 있었을 뿐이다. 이런 맥락에서 독일 학자 한스 페터 뒤르는 매춘업을 심지어 하나의 신화로 간주하기도 했다. 신화가 학문적인 영역에만 속하는 게 아니듯 매춘이라는 것도 '인간이 직접 몸으로 지어낸 일종의 신화'라는 게 그의 주장이다.

최근 유럽에서 발행되는 한국어판 신문에 흥미로운 기사가 실렸던 적이 있다. 늘 품위 있고 격이 높은 미술품만 전시해 오던 네덜란드 내셔널갤러리에서 〈네덜란드 사창가〉를 꾸며 전시하고 있다는 것이다. 한 건물을 사창가로 복원했고, 건물 안에는 영업을 했던 매춘부를 실제 인물처럼 석고로 뜬 후 실감나게 전시했는데, 이 전시장에 관객의 발길이 끊이지 않는다는 보도였다.

문화의 중심지 공중목욕탕

중세 유럽의 목욕탕은 오늘날의 공중목욕탕과는 매우 다른 곳이었다.
향락과 매춘의 장소로 쓰였고, 이발이나 이빨 치료,
외과수술이 자행되는 다문화 공간이었다.

중세 유럽의 목욕탕은 오늘날 우리가 알고 있는 공중목욕탕과는
매우 다른 곳이었다. 그곳은 공공연히 매춘이 자행되는 향락의 장
소였고, 치료목욕사가 상주하면서 목욕을 도울 뿐 아니라 상처 난
몸을 치유해주는 곳이기도 했다. 치료목욕사가 이발을 해주는 경우
도 있었고, 전문 이발사가 상주하는 곳도 있었다. 치료목욕사 및 이
발사는 외과수술과 이빨 치료, 눈병 치료까지 맡았다. 전문적인 의
학교육을 받고 의료행위를 한 것은 아니었다. 이들은 중세 초기에는
자격증 없이도 치료행위를 할 수 있었지만, 중세 후기에 가서는 무자
격 치료행위를 할 경우 엄격한 제재를 받았다. 치료목욕사가 되려면
초보에서 시작해 장인에 오르기까지 3년의 시간이 걸렸다. 어떻게
전문의사도 아닌 이들이 치료까지 할 수 있었을까?

중세에 살았던 사람은 병에 걸리면 두 가지 치료법을 생각할 수

여러 가지 방법으로 환자를 치료한 목욕탕의 치료목욕사들

있었다. 제대로 공부한 의사에게 치료받거나 민간치료를 받는 것이다. 정식 자격증을 가진 의사는 명망을 가진 전문가들이었다. 주로 돈 많은 부자나 귀족이 이들의 고객이었지만, 진료비가 워낙 비싸서 일반인에게는 인기가 없었다.

의사라 해도 사실 대대로 전통적인 치료법을 전수받은 민간인에 비해 특별한 실력을 가진 것도 아니었다. 그러다 보니 일반 사람은 치료목욕사를 더 선호했다. 이들은 도시는 물론 빈민가와 시골에 사는 가난한 환자에게는 꼭 필요한 존재였다.

당시는 치료목욕사나 의사 모두 특별한 치료법이 없는 시대였기에 두 부류의 치료법은 거의 유사했다. 상처부위를 치유하는 방법도 상처 위에 뜨거운 기름이나 지방을 붓는 것이 고작이었다. 아니면 독한 와인으로 상처를 소독하는 정도였다. 차이가 하나 있다면, 의사는 외과 치료를 할 때 환자의 상처부위에서 흐르는 피에 접촉하는 것을 극도로 꺼렸다는 점이다. 중세 그리스도교 전통에 따라 의사는 인간의 피를 만져서는 안 된다고 생각한 것이다. 이런 이유 때문에 의사보다 주로 치료목욕사나 이발사가 목욕탕 옆에 따로 만든 방에서 외과수술을 하는 일이 더 많았다.

외과수술과 이빨 치료, 눈병 치료까지 해주었던 치료목욕사

이들이 가장 많이 사용했던 치료법은 사혈이다. 인간의 몸에는 4가지 유형의 점액질이 있는데 모든 병은 이 4가지의 부조화에서 온다고 생각했다. 점액질의 균형을 잡아주어야 병이 낫는다는 데서 사혈 치료법이 출발했다. 우리의 기氣 이론과 유사한 치료술이라고 할

십자군을 따라다닌 거리의 매춘부

수 있다.

　의사와 치료목욕사 두 직업군의 치료 영역은 정확하게 구분된 것
이 아니어서 서로 조금씩 겹쳤다. 그래서 분업이 완전히 이루어질
때까지 밥그릇 싸움이 끊이지 않았다. 치료목욕사나 이발사는 의사
를 대신해서 18세기까지 외과수술을 했다. 당시는 가발이 유행했는
데, 가발사 또한 이발사와 대항하여 싸우기도 했다. 차차 분업이 이
루어져서 가발사는 미용실로 자리를 옮겨갔고, 이발사는 남자 이발

소로 정착하였다. 19세기에 들어와서 비로소 외과의사는 인간의 피를 만져서는 안 된다는 사고에서 벗어났고 점점 더 치료목욕사의 의료영역으로 일을 확장했다. 이것이 오늘날 서양 의학에서 외과의사가 자리잡은 배경이다.

치료목욕사는 시대에 따라 다르지만 처음에는 제대로 대접받지 못했다. 아프거나 상처 난 사람을 만지는 천한 직업으로 간주했고, 조합조차 만들지 못했다. 지위가 차차 나아지면서 이들도 조합을 만들고 위상을 찾기 시작했다. 독일의 아우구스부르크와 뷔르츠부르크에서는 1373년에, 빈에서는 15세기 초에 조합이 생겼다. 함부르크에서는 1375년 정식 시민의 구성원으로 그들을 인정했다.

당시 사람들이 얼마나 목욕탕을 좋아했는지 알려주는 일화는 수없이 많다. 법정판결로 가택연금을 당한 한 여인이 있었다. 그녀가 잠시 집을 떠날 수 있는 경우를 두 가지만 허락했는데 하나는 성당에 고해성사를 보러갈 때였고, 다른 하나는 목욕탕에 갈 때였다. 당시 일상이 얼마나 목욕과 연결되어 있는지 짐작하게 하는 단면이다.

중세 유럽인은 하루에도 3~4개의 목욕탕을 옮겨다닐 정도로 목욕을 좋아했다. 그러다 점차 목욕탕은 향락의 장소로 변해갔다. 12~13세기 유럽에는 목욕탕 문화가 꽃을 피웠다. 13세기부터는 유럽 대부분의 도시와 작은 시골 마을까지 목욕탕에서 향락을 즐겼다. 이들은 목욕탕에서 친구를 만들고, 자식들의 혼담을 나누었다. 탕에서 먹고 마시며 놀다가 취한 상태에서 때로는 싸움질까지 했다. 덩달아 도둑과 사기꾼이 등장하면서 범죄자의 비밀스런 은닉처로 사용되기도 했다.

매독과 페스트가 번지면서 점차 사양길로 들어서

14세기 초부터는 결혼식 피로연도 목욕탕에서 열렸다. 음식을 먹고 마시고 취하는 것도 모자라서 여자와 음악까지 등장시켜서 혼탕을 즐기면서 문란함이 더해갔다. 이때부터 치료목욕사는 여자들을 고용하여 매춘을 시작하였는데 이 여자들을 '목욕탕 매춘부'라고 칭했다.

물론 당시에는 다른 매춘부도 있었다. '여성의 집' 매춘부 이외에도 거리의 매춘부, 방앗간 매춘부, 목욕탕 매춘부가 등장한 것이다. 거리의 매춘부는 주로 군인을 따라다니는 여인이었다. 중세 그리스도교 십자군은 원정을 떠날 때 '그리스도교인 매춘부'를 함께 데리고 다녔다. 동반했던 여인은 다친 군인을 치료해주기도 했지만, 그보다 더 중요한 일은 매춘으로 십자군을 지원하는 일이었다. 매춘부가 전쟁터에 동반한 것은 종교적인 이유 때문이었다. 십자군들이 이방 여인들과 통정하면 당시는 큰 죄로 간주하였다.

시간이 지남에 따라 군인이 매춘부를 첩으로 삼는 일이 늘었다. 한 군인이 병이 들자 첩으로 있던 여인이 그를 떠나버렸다. 이 군인은 복면 자객을 그 여자에게 보내서 여자의 얼굴에 치명적인 상처를 입혀 다른 남자에게 갈 수 없게 만들었다. 결국 그 군인은 재판을 받았다는 법정기록이 전해진다.

방앗간 매춘부는 또 무엇인가? 중세의 방앗간은 밀회의 장소였다. 남녀가 만나서 정사를 나누던 곳이기에 붙여진 이름이다. 1483년 독일 함부르크의 한 재판자료에는 4개의 카테고리로 매춘부를 분류했던 자료가 남아 있다.

목욕탕에 매춘부가 상주하게 되자, 치료목욕사는 '뚜쟁이'라는 또

목욕의 즐거움과 사랑에 들뜬 남녀의 모습을 묘사한 그림

하나의 직함을 갖게 되었다. 귀족과 평민 구별 없이 벌거벗은 몸으로 탕에 들어가서 테이블 위에 올려놓은 술과 음식을 먹으면서, 남녀가 서로 벗은 몸을 만지며 향연을 즐기는 자리가 제공된 것이다. 악사까지 동원되어 노래와 익살을 풀어내고, 분위기가 한층 무르익으면 다른 방에 놓인 침대로 가서 남녀가 쾌락을 즐겼다.

중세 초기에는 교회가 성을 죄악시는 경향이 강해서 성서를 전제로 여자들을 요부로 판결하고 응징했다. 교회에서는 광범위한 금지 조항을 만들었지만 아무리 제약을 가해도 현실은 속수무책이었다. 교회는 수시로 지나친 풍기문란에 대해서 경고했지만, 아랑곳없이 성생활은 점점 무절제해졌고 목욕탕은 음란한 장소로 변모해 갔다. 남녀 혼탕은 도처에 우후죽순처럼 번졌다.

문제는 시대가 흐를수록 지체 높은 사람들의 성윤리가 더욱 방종해졌다는 것이다. 이들을 엄하게 통제해야 하는 수도자도 본분을 잊고 목욕탕에서 문란하게 즐겼다. 물은 위에서 아래로 흐르는 법, 결국은 민중에게로 이런 문화가 널리 퍼져나갔다.

목욕탕이 흥청거리는 향락의 장소로 변모하자, 목욕탕 주인은 눈속임으로 한몫 보려고 온갖 방법을 동원했다. 술과 음료수를 비싼 값에 팔아 이익을 챙긴 게 대표적인 사례이다. 목욕탕은 시민의 안전과 밤의 고요를 위해 대개는 저녁 8~9시가 되면 문을 닫았다. 이들이 휴업하는 날은 그리스도 축제 전날과 부활절 주간뿐이었다.

그러던 향락의 목욕탕도 점차 사양길에 접어들기 시작했다. 매독과 페스트, 사혈을 통한 전염병이 급속하게 번지면서 그 온상으로 목욕탕이 지목되었던 것이다. 오스트리아 빈에는 16세기 초 11개였던 목욕탕이 18세기 초 7개로 감소했다. 프랑크푸르트에는 14세기 말 15개 업소가 성업중이었는데 16세기에 이르러 2곳으로 줄었고, 1809년 완전히 문을 닫았다.

이때부터 사람들은 목욕 대신 향수나 파우더 등을 사용하기 시작하였다. 귀족이 나쁜 냄새를 향수로 퇴치하다 보니 향수 문화가 발달하였다. 치료목욕사라는 직업은 독일에서는 1950년대까지 존속했지만 더 이상 향락 문화를 전파하는 사람은 아니었다. 이미 18세기부터 목욕탕의 의미는 향락을 즐기는 곳이 아니라 건강을 관리하는 영역으로 넘어갔기 때문이다.

중세인은 잘 씻지 않았다. 한 달에 한 번 옷 갈아입는 것이 다반사였다. 이런 사람들이 교회에 모이면 자연히 악취가 진동했다. 이것을 막기 위해서 교회에서는 미사 중에 훈향을 흩뿌렸다고 한다. 5~6월을 택해서 결혼하는 이유도 이 시기가 평상시 잘 씻지 않던 몸을 씻기 좋은 계절이기 때문이라는 이야기가 전해진다.

손가락이 35번 잘린 성인

성물에 대한 주문은 밀려오는데 물건은 없고 돈은 탐나는 시대였으니 당연히 가짜가 판을 칠 수밖에 없다. 그리스도의 가시관이라고 돌아다닌 것이 당시 12마리의 암소에 다 실을 수 없을 정도로 많았다니 얼마나 가짜가 나돌았는지 짐작할 수 있다.

중세 교회에서는 사람들이 알아듣지 못하는 라틴어로 미사를 집전했다. 그러다 보니 사람들은 보이지도 않고 쉽게 말씀을 이해할 수도 없으며 어디 있는지 찾을 수 없는 신보다는, 눈에 보이는 것에 대해 관심을 쏟을 수밖에 없었다. 사람들은 성인 성녀가 신과 인간을 이어주는 매개체라고 믿었다. 성인이 죽고 난 뒤 그의 유골을 성물聖物로 공경하는 현상이 유행처럼 번졌다. 성인의 뼈와 치아는 물론, 개인적으로 지녔던 물품도 성물로 변했다. 성인이 살아생전 기댔던 나무, 성인이 잤던 침대, 성인이 식사했던 식탁도 성물로 둔갑했다. 심지어 그들이 입었던 옷의 실오라기 하나만 손에 넣어도 성인의 유물을 지녔다는 기쁨에 도취되었다. 성물이 있으니 성지가 생기고, 성지가 생기니 사람들이 몰리고, 사람들이 몰리다 보니 많은 돈이 오가고 더불어 이야깃거리가 생겨났다. 결과적으로는 이런 사건들이 모여 유럽 문화사의 한 부분이 되었다.

신앙인들은 성물 앞에서 신들린 사람처럼 떨거나, 아니면 너무 놀라서 거품을 뿜거나 땅에 엎어졌다. 이런 소문이 퍼지면 더 많은 이들이 몰려들었다. 성물 장사는 실패하지 않는 장사였다. 그러나 부작용도 있었다. 어느 날 주교 출신인 페레올로 폰 위제(Ferreolus von Uzes, ?~581) 성인 무덤 옆에서 몇몇 신자가 간질병 증상을 보였다. 성인이 노해서 벌을 받았다고 생각한 사람들은 성인 무덤에 금과 은, 가축 등 제물을 바쳤다. 알고 보니 몇몇 수도자가 사람들을 매수해서 일어난 사건이었다. 성물 숭배가 부정적인 방향으로 흐르자 테오도시우스 황제는 유골 장사 금지령을 내렸다. 그렇지만 후에 샤를마뉴(샤를대제)가 성당 안에서 성인의 유골을 지녀도 된다며 금지령을 풀었다. 종교개혁가들은 대부분 성물 숭배를 비판했는데 심지어 몇몇 종교개혁가는 성물을 불태우기도 했다.

죽은 성인의 유골을 사재기하다

하지만 카톨릭에서는 종교개혁을 거부하는 상징으로 성물숭배를 은근히 조장했다. 각 교구에서도 성인의 유골을 성당에 안치하려고 발버둥쳤다. 신자를 끌어 모으려는 계산이었다. 성인의 몸은 하나인데 어떻게 많은 이들을 충족시킬 것인가? 고심 끝에 생각한 것이 성인의 몸을 나누어 가지는 것이었다. 부패하지 않은 성인의 몸은 특별한 대접을 받았다. 게오르그 성인은 '11번 축성 받았다'는 기록이 전해지는데 이것은 그의 뼈가 11번 조각났다는 뜻이다. 그의 유골이 성물로 숭배받기 위해 열한 차례 수난을 겪었다는 뜻이다. 스테파노 성인은 8번, 아킬레우스와 노이노우슨 성인은 '축성'이라는 이름으로 5번 수난을 겪었다. 베로나의 페트루스Petrus von Verona 성인은 손가락이 35번 잘렸다. '독일의 국민성녀'로 사랑받는 엘리자베스 성녀도 유사한 수난을 당했다. 858년 스페인에서는 이슬람권에서 성인 2명이 순교했다는 정보를 입수하고 수도자들이 성물을 구하러 여행을 떠났다는 기록도 남아 있다. 이슬람권에서 성인 유골을 찾아다닐 때는 돼지고기를 먼저 찾았다고 한다. 이슬람인은 돼지고기에 손을 대지 않기 때문에 그곳에 사는 그리스도교 신앙인들은 성인의 뼈를 발견하면 가장 안전한 장소인 돼지고기 속에 보관해두었던 것이다.

왕실의 관심도 예외는 아니었다. 1346년 왕이 된 카를 4세의 취미는 성물 수집이어서 궁중에 황제 직속 성물 담당자를 두었다. 그는 진기한 성물을 손에 넣지 못할 경우 훔치라는 명령까지 내릴 정도였다. 10세기 베네치아의 통치자는 자신이 마르코 성인의 뼈를 북아프리카에서 빼내 베네치아에 보관한 뒤부터 베네치아가 번성했다고 철석같이 믿었다.

일반 서민, 귀족, 왕실을 가릴 것 없이 성물을 숭배하게 된 데는 연옥 사상도 한몫했다. '지상에서 지은 죄를 속죄하지 못하고 죽으면 연옥에서 무시무시한 벌을 받는다. 탕감받을 길은 성물을 지니는 것이다. 그러면 100년간 연옥에서 받을 고통을 없애버릴 수 있다'는 교리가 중세 사람들의 의식을 지배했다.

귀족들은 금을 사듯 성인 유골 사재기에 나섰다. 성인 몸은 하나인데 수요가 많으니 유골 값은 하늘 높은 줄 모르고 치솟았다.

금으로 치장한 성인의 유골

1238년 비잔틴의 황제 볼드윈 2세는 예수가 썼던 가시관의 일부를 프랑스의 루이 9세(성 루이, Saint Luis)에게 팔았다. 루이 9세는 이 성물이 들어오던 날 어의를 벗고 속옷만 입은 채 맨발로 나가 반갑게 맞았다고 한다. 이 가시관은 샤펠 성당에 보관했다가 프랑스 혁명 이후 노트르담 성당으로 옮겨졌다. 프랑스의 왕 루이 9세가 가시관의 한 부분을 샀을 때 가격은 13만 5000리브라libra였다. 당시 기사가 1년간 받았던 급료는 15리브라였다. 한 학자가 이 돈을 계산했는데 이 돈이면 '그 당시 살던 중세 기사가 오늘날까지 살아도 다 못받을 금액'이라고 말한 바 있다. 엄청나게 천문학적인 가격이라는 이야기다. 루이 9세는 이런 사재기 때문에 '성인' 칭호를 받았다는 빈정거림도 들었다.

성지순례를 통해 죄 사함을 받다

귀족뿐만 아니라 수도자도 성물 숭배에 동참했다. 1200년에 죽은 후고 주교는 성녀 마리아 막달레나 유골을 기이한 방법으로 손에 넣었다. 손을 접고 누워 있는 성녀의 팔뼈를 잘라낸 것이다. 아우구스티누스 성인의 유골은 금으로 교환되었고, 보니파티우스 성인의 유골은 은 500개면 바꿀 수 있었다.

성물에 대한 주문은 밀려오는데 물건은 없고 돈은 탐나는 시대였으니 당연히 가짜가 판을 칠 수밖에 없었다. 그리스도의 가시관이라고 돌아다닌 것이 당시 12마리의 암소에 다 실을 수 없을 정도로 많았다고 하니 얼마나 가짜가 나돌았는지 짐작할 수 있다. 100년 전에 죽은 소녀의 뼈를 성인의 뼈로 속이고 내다팔기도 했다. 프랑스의 어떤 귀족은 예수가 마지막 만찬에서 사용한 잔을 사들였다고 좋아했다. 옷 한자락, 몇 올의 머리카락, 치아가 성모의 것이라고 믿은 사람도 있었다. 독일 뉘른베르크에서는 2개의 장소에서 각자 세 발도 성인의 몸을 갖고 있다고 주장하며 숭배하기도 했다.

성물의 가격이 이처럼 비싸다 보니 가난한 사람은 성물을 소유할 생각을 하지 못했다. 대신 성지에 가서 그것을 '만지는' 것으로 허전함을 달랬다. 성물을 만지기라도 하면 죄 사함을 받는다고 믿었기 때문에 성물을 찾아다니는 것이 유행처럼 번졌다. 1520년의 통계에 의하면 1만 8970개의 성지가 유럽 전역에 있었다. 당시는 밤 사이에 성지가 하나씩 생길 정도였다. 기적이 일어나는 성지라고 소문이 돌면 어김없이 사람들이 몰려들었다.

성인 야고보의 유해가 묻힌 곳으로 알려진 스페인의 산티아고에는 순례객이 밀려들었다. 한 해에 50만 명 정도가 찾아왔는데 이들이 기도하고 복전함에 돈 넣는 소리가 끊이지 않았다. 그래도 로마에 비하면 미미한 수준이었다. 지금으로부터 700년 전인 1300년 로마에는 매일 20만의 신자가 몰려들었다. 여러 명의 성인 유골이 있었기 때문이다. 1446년 스위스의 은수자 성인 축제 때에는 14일 동안 13만 명이 참가했다는 기록도 있다.

순례객이 갖다 바친 돈으로 성인 성녀의 유골은 금과 보석으로 치장되었다. 팔뼈와 발뼈에는 금을 덧입혔고 돈궤에는 금을 입혔다. 성인 성녀가 살아 있다면 이런 말을 했을지도 모른다. "옷이 무겁구나. 휴식을 취하고 싶다!" 당시의 이런 현상을 한 수도자가 꼬집었다. "순례객은 금으로 뒤덮인 성인을 황홀하게 바라보지만 그건 잠깐이고 그보다는 지갑에 손을 넣고 돈을 바칠 생각에 바쁘다." 즉 성인에 대한 공경은 뒷전이고, 복전에 돈을 넣어 천국에 가려는 마음이 더 급한 당시의 세태를 꼬집은 것이다. 이처럼 성인에 대한 유별난 신앙이 범람하던 시대였다.

순례객의 이동과 함께 상업이 발달하고 문화 교류가 늘어

13세기부터는 단거리 성지순례는 시들해지고 장거리 성지순례가 유행했다. 기차나 버스가 없던 시대에 독일 쾰른에서 이탈리아 로마로 성지 순례를 가려면 걸어가는 수밖에 없었다. 그러려면 몇 달을 길거리에서 살아야 했다. 교회숙소에서 순례객을 미처 수용하지 못하자, 개인적인 숙박시설이 우후죽순처럼 생겨났다. 도둑이 도사리고 있던 장소에는 안전장치를 마련하고 울퉁불퉁한 길도 정비했다. 성지에 도착하기도 전에 물을 건너다 빠져 죽는 이가 허다했는데 그런 곳에는 다리를 놓았다. 공짜는 절대 아니었다. 순례객에게 다리 사용료를 거두었기 때문에 성지로 통하는 시에서는 짭짤한 수입을 올렸다. 일반 서민만 순례에 나선 것은 아니다. 범죄자도 실형을 선고받고 순례에 올랐다. 살아서 돌아오는 사람은 채 반이 되지 않았다. 짐승에게 먹히기도 했고, 도둑과 강도를 만나 돈을 빼앗기고 죽는 사람도 많았다. 의도적으로 보낸 순례였다. 감옥에 두면 먹여 살려야 하니 돈을 절약하려는 계산이 깔려 있었다.

장사꾼은 원래 성지에서 물건을 팔 수 없었다. 그러나 장사꾼이 이런 좋은 기회를 놓칠 리 없다. 그들은 순례객을 가장하고 성지에 들어가서 물건을 팔았다. 당시 주교 테오둘포와 클라우디오는 "죄

사함을 받으러 로마에 간다고 하지만 가는 중간에 다시 죄를 짓게 된다"고 개탄했다. 오늘날 학자들은 성지순례로 인해 유럽의 문화와 기술이 서로 교류할 수 있었다고 긍정적인 해석을 하기도 한다. 몇 달씩 순례하다 보니 낯선 언어와 관습, 기술을 교류할 수밖에 없었 다는 것이다. 이러한 소통 덕에 수공업자는 새로운 기술 정보를 교 환했고, 상업 발전도 이루어질 수 있었으며, 결과적으로 유럽 문화 사의 한 부분이 이루어질 수 있었다고 학자들은 말한다.

의사가 환자에게 '가짜 처방'을 쓰고, 환자에겐 명약이라고 말했 는데 가짜 약을 복용한 환자가 신기하게도 잘 나을 때가 있다. 이것 을 전문용어로 플라시보라고 한다. 인간은 늘 어떤 방편을 갈구한 다. 인간에게 어떤 방편을 통해서 희망과 믿음을 채워주면 기적처럼 병이 회복되는 경우가 종종 있다. 인간이 보이지 않는 신보다는 보 이는 성물에 기대는 것도 플라시보 효과 때문일 수 있다.

현대에 들어와서도 성물을 구입하는 사례가 보고되고 있다. 1993 년 5월 15일자 〈프랑크푸르트 알게마이너짜이퉁〉에는 예수가 골고 다 언덕으로 옮긴 십자가의 한 조각을 한 프랑스 여인이 거액으로 구매했다는 기사가 실려 있다. 정말 진짜였을까? 아니면 어떤가? 부 적처럼 지니고 그녀가 예수의 말씀을 잘 따르면 될 일이다.

귀족, 결혼을 사고팔다

결혼 당사자의 사랑 따위는 전혀 신경 쓰지 않았다. 나이도 상관없었다.
결혼을 통해 오직 집안끼리 서로 상부상조하면서 잘살면 그만이었다.
중세 귀족의 결혼은 오로지 정치적인 영향력에 좌우되었을 뿐이다.

귀족은 어떤 방법으로 결혼에 이르렀을까? 그들의 결혼은 사랑이
우선이라기보다는 정치적인 맥락과 얽힌 것이 대부분이었다. 신분과
신분끼리 엮여 서로 정치적 덕을 보려는 성향이 강했다. 나이 차이
는 아무런 문제도 되지 않았다.

이들의 결혼 유형은 다양했다. 합스부르크가의 황제 카를 5세의
여동생인 마리아는 어른들에 의해 1세 때 혼약이 정해졌다. 상대는
아직 태어나지도 않았다. 하늘이 점지했는지 드디어 미래의 시어머
니가 1506년 아들을 낳았는데 그가 루트비히다. 1515년 10세 마리
아와 9세 루트비히 2세의 약혼식이 거행되었다. 독일의 '국민 성녀'
로 추앙받는 엘리자베스도 어려서 약혼하고 4세 때 시댁에 들어갔
다. 그녀는 미래의 시부모 손에서 양육되었고 성인이 되어 결혼식을
올렸다. 과거 우리나라에서 가난한 계층이 선호했던 민며느리 제도

와 유사했던 관습이다.

부모에 의해 강제적으로 맺어진 어린 남녀의 결혼이 행복할 수 있었을까? 신성로마제국의 황제 오토 1세의 어린 여동생 헤드비히는 비잔틴제국의 콘스탄틴과 약혼했다. 그때 한 그리스 화가가 신랑될 이로부터 신부의 초상화를 그리라는 주문을 받았다. 그녀는 완성된 자기 초상화를 보자마자 즉시 찢어버렸다. 부모를 거역할 수는 없었지만 강제 약혼에 대한 간접적인 반발이 아니었을까? 1494년 알브레히트 뒤러는 아버지의 강압에 못 이겨 공작의 딸 아그네스와 결혼하였다. 그러나 부부는 부모에게 순종하는 척했을 뿐, 서로에게 냉대하며 평생을 애정 없이 살았기에 아이를 낳지 못했다.

조선시대처럼, 결혼식을 올리고 난 뒤 신랑이 누구인지 첫날밤에 알게 되는 경우도 허다했다. 11세기 초 젊은 공작 발두인 2세는 공작의 딸인 플란덴과 결혼했다. 첫날밤을 맞이한 신랑은 초야를 치르기도 전에 줄행랑을 쳤다. 신부가 너무나 못생겼기 때문이다. 그러나 그는 나중에 신부의 삼촌에게 붙잡혀 성城에 갇히게 되었다.

이들의 결혼을 종합하면, 귀족은 결혼 당사자의 감정이나 사랑 따위는 전혀 신경 쓰지 않았다는 것을 알 수 있다. 내 아들딸을 미끼로 덕을 보자는 심사가 더 강했다. 나이도 애정도 상관없고 오직 집안끼리 서로 상부상조하여 잘살면 그만이었다. 이렇게 맺어진 귀족의 아들딸이 부모가 되었을 때는 이런 연결 고리를 또 자식에게 강요했다. 정략결혼이 몇 세기를 내려온 것은 이 때문이다.

나이 차이가 많은 신랑 신부가 결혼한 경우는 허다하다. 뉘른베르크의 귀족이었던 울만 스트로머는 1366년 14세 소녀 아그네스를 두 번째 아내로 맞아들였다. 14세였던 베아트릭스 공주는 34세의 프리드리히 바르바로사와 결혼했다. 그뿐인가? 하인리히 4세의 딸 아그네스처럼 7세 때 29세의 프리드리히와 결혼한 경우도 있다. 17세의 벨프 5세는 1089년 후작 집안의 딸 마틸데와 결혼했다. 벨프 가문이 이런 결혼을 한 의도는 뻔했다. 후작의 딸인 마틸데가 44세였지만, 많은 재산을 소유했기 때문이다. 나이 많은 그녀가 먼저 죽게 되면 그 유산을 고스란히 물려받을 수 있을 것이라고 계산한 것이다.

반대의 경우도 있었다. 뵈멘Böhmen 출신의 오타카르 2세는 1252년 20세 때 거의 쉰에 가까운 오스트리아의 마르가레테와 정치적인 이유로 결혼했다. 그들 사이에 후사가 없자, 그녀의 시녀와 낳은 자녀를 후손으로 인정해달라고 요구했다는 이야기가 전해진다.

왕족과 귀족에게 정치적인 이해관계에서 출발한 결혼만 있었던 것은 아니다. 저명한 학자였던 38세의 아벨라르와 18세의 엘로이즈의 사랑이 그것이다. 이들은 스승과 제자로 만났다가 사랑의 불꽃이 일었다. 이루지 못한 사랑을 안고 엘로이즈는 수도원에 들어가 수녀가 되었고 후에 수도원장이 되었다. 두 남녀는 각자 수도원에 살면서 편지를 교환하며 정신적인 사랑을 나누었다.

정치적인 이해득실에 따라 결혼과 이혼을 반복해

그리스도교의 영향 아래 있었던 그 시대의 성애는 어떠했을까? 한마디로 경멸하고 자제하는 것이 최고의 미덕이었다. 잠자리를 같이 하는 것은 자손 번식을 위해서일 뿐이었다. 교회에서는 결혼생활

중세 귀족들의 결혼식 장면

까지 간섭하고 속죄의 대상으로 삼았다. 특히 11~13세기에는 그 정도가 심해서, 이때 교회는 성애 규정을 만들어서 신자에게 지시하기도 했다. 첫날밤은 아이를 낳기 위해 보내야지, 육욕을 즐기기 위해서 성애를 하면 무거운 죄를 짓는 거라고 믿게 했다.

11세기 독일 보름스에서는 결혼한 남자가 정상적인 방법으로 성애를 하지 않은 죄로 10일간 빵과 물만 먹고 속죄한 적도 있다. 부인의 생리기간 동안 성애를 하면 그와 유사한 벌을 받는 규정까지 만들었다. 남녀 간에 차별을 두기도 했다. 신랑이 첫날밤 갑자기 페스트에 걸렸을지라도 신부는 죽을 각오를 하고 신랑과 초야를 치러야 했다. 남자는 절대적인 순종을 여자에게 요구한 반면, 신부가 첫날밤에 남자에게 순종하지 않을 경우, 신랑은 다른 여자를 자유롭게 찾아갈 수 있었다.

아무리 막강한 교회일지라도 개인의 사생활을 일일이 규제하는 게 가능했을까? 당시 사람들은 철저하게 교회의 명령을 지키려고 했다. 중세는 그리스도교 교리에 매여 살던 시대였다. 사람들은 교리 규정을 위반했을 때 개인의 영혼을 옥죄는 죄악감을 도저히 견딜 수 없었다. 교리를 어기면 죽어서 지옥을 가거나 마귀가 곧 재앙을 내릴 거라는 신앙관이 강했기 때문에 교회에 순종하는 것이 차라리 나았다. 이해하기 힘들지만 오늘날에도 특정 종교의 교리에 빠져 오직 그 종교규칙에 따라 사는 사람들이 있지 않은가. 세계적으로 유명한 중세 연구가인 루트 마조 카르라스가 한 말이 재미있다. "만약 유럽인이 그리스도교가 지시하는 교리대로 살았더라면 아마 유럽은 지구상에서 벌써 사라져 버렸을지도 모른다."

결혼도 이혼도 교회 뜻대로 하세요

8세기 초에는 쌍방이 합의하면 쉽게 이혼이 가능했지만 조건이 하나 붙었다.
이혼하는 남자 쪽에서 적절한 사유서를 제출해야만 했다.
그렇지 못할 경우는 이혼 당한 부인 측의 가문으로부터 보복을 당했다.

1581년 14세의 마르게리타 파르네제는 만토바의 공작인 18세의 빈첸초 곤차가와 결혼했다. 남자 쪽에서는 빨리 후손을 보기 원했지만, 그녀는 임신을 하지 못했다. 그녀를 면밀히 검진한 궁중 의사들은 아무 이상이 없다는 진단을 내렸다. 다시 2년을 기다렸지만 아이가 생기지 않았다. 그녀는 또다시 철저한 검사를 받았다. 결국 생명이 위태로운 수술을 받아야만 그녀가 임신할 수 있다는 결과가 나왔다. 이 소식을 접한 교황은 본인들의 의사는 묻지도 않고 이 결혼을 일방적으로 무효화시키고 마르게리타를 강제로 베네딕토 수도원으로 보냈다. 펑펑 울면서 수도원 문으로 들어간 그녀는 일생을 그곳에서 마쳤다. 궁중으로 시집와 아이를 못 낳는다는 이유로 처절한 인생을 보낸 것이다.

부인이 강제로 수도원으로 추방당한 뒤 남편 빈첸초는 두 번째

귀족들의 자유롭고 호화로운 생활

아내를 맞을 준비를 했다. 그의 눈에 들어온 여인은 레오노라 데 메디치(1567~1611)였다. 그런데 부와 권력을 손에 쥔 메디치 가문은 먼저 조건을 제시했다. 사위 될 빈첸초가 성적으로 정상인지, 아이를 낳을 수 있는지를 증명해야만 레오노라와 결혼시킬 수 있다고 말했다. 첫아내가 아이를 생산하지 못한 것이 빈첸초에게 문제가 있을지 모른다고 의심했던 것이다.

고민에 빠진 빈첸초에게 메디치 가는 증명 방법까지 친절하게 가르쳐주었다. 결혼하지 않은 다른 처녀를 통해서 그의 남성성이 정상인 것을 증명하라는 것이었다. 제안을 받은 신랑 측은 교황과 상의하기에 이르렀다.

메디치 가문은 미래의 사위를 위해 결혼하지 않은 처녀를 찾아나섰다. 비극인지 희극인지 그 도시에서 빼어난 미모를 자랑하던 20세의 줄리아가 그 역할을 위해 간택됐다. 빈첸초는 첫날밤 시도에서 실패하고 말았다. 그가 급성 소화불량에 시달렸기 때문이다. 둘째날 밤, 한 증인이 빈첸초의 성애 행위를 진단했고 그가 정상적인 남자라는 보고를 올렸다. 후손 생산을 으뜸으로 여겼던 궁중이기에, 특별히 궁정의 침실을 엿보는 관리가 따로 있었던 것이다.

그런데 예상치 못한 일이 터졌다. 증인의 말과 달리 줄리아가 자신은 아직도 처녀라고 주장한 것이다. 빈첸초는 이 여인에게 다시 그의 남성성을 보여주고 증명해야만 했다. "빈첸초와 다시 한 번 즐기고 싶어서 처녀라고 발칙한 거짓말을 했다"고 줄리아가 고백한 것은 훨씬 뒤의 일이었다. 줄리아는 결국 빈첸초의 아이를 가졌고, 남성성을 증명한 빈첸초는 1584년 부유한 메디치 가문의 딸과 비로소 결혼할 수 있었다. 이것은 그냥 떠도는 소문이 아니고 엄연하게 기록으로 남아 있는 일이다.

당대의 이혼은 어떠했던가? 8세기 초에는 쌍방이 합의하면 쉽게 이혼이 가능했지만 조건이 하나 붙었다. 이혼하는 남자 쪽에서 적절한 사유서를 제출해야만 했다. 그렇지 못할 경우는 이혼 당한 부인 측의 가문으로부터 예외 없이 보복을 당했다. 8세기 말에는 여자 쪽에서 불륜을 저질렀을 경우에만 이혼이 가능했다.

교회의 허락없이는 결혼도 이혼도 할 수 없었다

9세기로 접어들어 교회의 간섭이 시작되면서 귀족의 이혼은 더욱 어려워졌다. 이것이 오늘날까지 이어진 카톨릭의 주장으로, 결혼은 하늘이 맺어준 것이기에 감히 인간이 멋대로 풀 수 없다는 교리이다. 이런 완고한 원칙은 1184년에 카톨릭의 7개 중요 교리 중 하나로 승격했다.

요셉 뮬베르거가 밝힌 예를 들어보자. 귀족인 알브레히트는 아내 몰래 다른 여인을 사랑하게 되었다. 그의 아내는 프리드리히 2세의 딸인 마르가레테였다. 알브레히트는 마르가레테 공주와 갈라서고 싶어 안달이 났지만 이혼은 그리 쉽지 않았다. 남편은 계략을 세웠다. 땔감을 조달하고 있던 하인에게 은밀히 명해 밤중에 귀신 차림을 하고 마르가레테의 방에 침입해 그녀를 목 졸라 죽이라는 것이었다. 아무리 주인의 명령이지만 의리가 있던 이 하인은 선뜻 행동으로 옮기지 못했다. 주인이 자꾸 재촉하고 으름장을 놓자 그녀의 방에 침입했지만 도저히 그녀를 살해할 수 없었다.

그는 위험에 처한 사실을 그녀에게 알려 주며 차라리 도망을 가라고 권했다. 그녀는 창문으로 줄을 내리고 도망쳤다. 걱정과 두려움 속에서 마르가레테는 이곳저곳을 떠돌며 생활했다. 잡히는 날은 죽게 될 것이 뻔했다. 그러던 중 풀다의 수도원에서 그녀를 받아들였다. 그녀가 1270년에 죽자 마인의 주교는 장엄하게 장례식을 치러주었다. 이후 알브레히트는 역사 속에서 못된 '변절자'라는 이름으로 영원히 낙인 찍히게 되었다.

유럽을 휩쓴 페스트의 공포, 베네치아의 전염병

시민들은 전염병이 신의 저주 때문에 생긴 거라고 믿었다.
신에게 회개하고 윤리적인 생활을 하면 병이 나을 거라고 생각한 시민들은
문란한 생활을 금지하고 남의 시선을 끄는 옷을 입지 못하게 했다.
그것만이 신의 노여움을 풀 수 있는 유일한 방법이라고 생각했다.

수상도시인 이탈리아 베네치아는 지금 세계 각국에서 온 관광객들로 붐비는 곳이다. 그러나 몇백 년 전 페스트가 유럽을 휩쓸었을 때 베네치아는 유럽의 어느 도시보다 참혹한 지옥으로 변한 곳이다. 베네치아는 왕성하게 무역업을 하던 교역도시였고, 또 동양과 아프리카로 향하는 관문이었기 때문에 전염병 전파 속도가 본토 유럽보다 빨랐다. 전염병의 저주는 한 번만이 아니었다. 1348~1630년에 베네치아에서는 20번 가량 페스트가 나돌았다.

페스트 병균은 쥐들이 주로 옮겼는데 확산을 막기 어려웠다. 베네치아의 모든 다리가 쥐로 발 디딜 틈 없이 덮인 적도 있었다. 쥐떼는 가게가 즐비한 곳이나 알곡을 싣고 정박한 배 안으로 돌아다녔다. 정기 장터는 쥐들의 축제 장소였다. 가게의 저울, 밀가루, 곡식, 육류, 생선을 요리조리 옮겨다니며 마구 균을 퍼뜨리니 손쓸 틈이 없었다.

먼저 유랑인과 거지들이 병들기 시작했다. 가난한 이들이 밀집해 살았던 서쪽에서 시작한 전염병이 순식간에 베네치아 전역으로 번졌다. 시의 동쪽에 살던 부자는 그래도 상대적으로 안전한 편이었다. 당시 가난한 이들이 살던 뒷골목의 집들은 더러운 데다 오물도 많았고, 어둡고 습기가 차서 곰팡이가 가득했다.

뒷골목은 전염병이 돌지 않을 때에는 옹기종기 모여 사는 정감 어린 곳이었지만, 전염병이 돌기 시작하자 순식간에 병마가 휩쓸고 가는 취약지대가 되었다. 골목집에 살았던 이들은 주로 베 짜는 사람, 뗏목 젓는 사람, 초 만드는 사람, 염색공, 운하 청소부, 일일 노동자, 어부, 염장이, 청소부, 매춘부 등 가난한 이들이었다. 전염병의 확산은 시간문제였다.

당시 유대인은 게토에서 살고 있었다. 밤 10시 이후 게토 밖에 나와 있는 것이 발각되면 벌금을 물어야 할 만큼 심하게 통제를 받았다. 2번 이상 벌금을 무는 경우에는 2개월 동안 감옥살이를 해야 했다. 그렇지만 유대인 의사는 예외였다. 베네치아의 부자들이 실력 있는 유대인 의사에게 치료받기를 원했기 때문이다. 게토에는 유대인이 바글바글 모여 살았는데 베네치아 서쪽지역에 밀집해 사는 가난한 사람보다도 4배나 많은 유대인이 게토 안에서 살았다. 그런데 놀라운 것은 유대인의 게토에서는 단 13명만이 페스트로 죽었다는 점이다. 게토보다 조건이 조금 더 나은 베네치아의 달동네에서는 1000여 명을 죽음으로 몰아넣은 전염병이 이곳을 비껴간 것은 하나의 기적으로 여겨지고 있다.

1347~1353년에 창궐했던 페스트 때문에 유럽 인구의 3분의 1이

죽었는데 베네치아에서는 1348년 한 해 동안 1만 명이 죽었다. 죽은 시체는 개가 파내지 못할 정도로만 얕게 땅을 파고 흙으로 덮었다. 전염병 환자의 시신을 사람들이 선뜻 나서서 묻으려고 하지 않았기 때문이다. 사람들은 하루하루 불안감 속에서 보냈고 감염되지 않은 이들이 할 수 있는 예방책은 식초로 몸을 씻는 것이 고작이었다. 수상도시 베네치아는 시문市門이 있는 것도 아니어서 더욱 속수무책이었다.

신에게 기도하고 회개하면 병이 나을 거라고 생각해

1630년대 들어 베네치아에는 다시 페스트가 퍼졌다. 몇백 년이 지나서 또다시 전염병을 겪게 된 것이다. 아직까지 병에 대한 약도 없었다. 시민들은 신의 저주 때문에 전염병이 창궐했다고 믿었다. 신에게 회개하고 윤리적인 생활을 하면 병이 나을 거라고 생각한 시민들은 문란한 생활을 금지하고 여성들에게는 남의 시선을 끄는 옷을 입지 못하게 했다. 그것만이 신의 노여움을 풀 수 있는 유일한 방법이라고 생각했다.

신앙에 매달리는 사람이 늘어나자 교회는 기도하는 사람으로 넘쳐났다. 사람들은 부적이나 성수에 매달렸다. 물론 당시 의사들도 이런저런 방법으로 약을 만들어 팔았다. 그러나 전염병은 더 크게 번졌다. 부자들은 몸에 있는 열과 습기를 밖으로 배출하기 위해서 의사를 불러 사혈을 해보았지만 신통치 않았다. 1630년의 사망자는 7~9월 3개월 동안 약 1200명으로 불어났고 사망자 수는 시간이 지날수록 늘어났다.

유럽 제일의 무역항으로 부를 쌓았던 베네치아의 전성기 모습

1630년 10월에 이르러서야 전염병이 신의 저주가 아니라는 사실을 깨달은 베네치아 시는 구체적인 대책을 강구하기 시작했다. 환경을 철저히 정비하고 마시는 물 공급에 신경을 썼고, 어떻게 하면 도시를 깨끗하게 유지할 수 있을 것인지 의논했다. 시에서는 먼저 거지나 집 없는 이들을 정리하기 시작했고 베네치아 출신이 아닌 거지는 섬 밖으로 쫓아냈다.

예전에는 죽은 자의 옷이나 이불 등을 사고파는 행위가 빈번하게 일어났다. 당시의 가난을 생각하면 충분히 있을 수 있는 일이다. 그러나 이런 상행위로 인해 전염병이 더욱 전파될 수 있다는 것을 사람들은 인식하게 되었다. 베네치아의 건강관청은 아직 건강한 자와 이미 죽은 자, 병에 걸린 자를 구분하여 사람들을 격리시키기로 했다. 건강한 이들은 누오보 섬으로 보내고, 시체와 이미 병에 걸린 사람들은 베키오 섬으로 그들의 재산과 함께 보냈다. 베키오 섬에는 신음소리와 구역질나는 냄새가 진동했고 시체 태우는 연기가 그치지 않았다. 시체는 구덩이를 파고 던져 버렸다. 구덩이의 시체 가운데는 아직 목숨이 붙어 있는 자들이 꿈틀거리기도 했다. 물과 음식 조달이 어려운데다 간병인도 턱없이 부족했다. 그런 최악의 상황이 약 400년 전 베네치아에서 실제로 일어났다. 남아 있는 통계자료에 의하면 1630년 11월에 1만 4000명이 죽었다고 한다.

1630년 누오보 섬으로 간 약 1만 명의 사람들은 섬 여기저기에 임시 거처를 짓고 기거했다. 살아 있다는 것만으로도 그들은 행복했다. 그들은 혼탁하고 냄새나는 공기를 정화하기 위하여 로즈마리를 태웠다. 배로 들어오는 물건은 소금물과 식초로 소독했다. 의사들도

뾰족한 덮개모자를 쓰고 치료를 했다. 감염을 막기 위해 그 안에 공기 정화를 해주는 약초를 넣었다

언제 감염되어 죽을지 모르는 불안한 상황에서 사람들의 민심은 어떠했을까? 그때도 소위 사재기라는 것이 있었을까? 물론 있었다. 생필품을 미리 구입해 집에 저장해둔 사람이 많았고, 외부와 완전히 격리된 생활을 하거나 옆의 섬으로 이주한 부자도 있었다. 이때 2만 4000명이 베네치아를 떠났다. 빵, 기름, 고기, 생필품, 초 값은 천정부지로 뛰었다. 없는 자들의 고통은 더욱 심해졌고 빈곤한 상태에서 페스트 감염의 두려움은 더욱 커져갔다.

페스트가 번지면서 유럽 무역의 주도권을 빼앗기다

이런 상황에서 물 만난 고기처럼 활약했던 부류가 있다. 검정이나 빨강 옷을 입고 시체를 옮기는 직업인이 그들이다. 이들은 시체를 옮기며 물건을 훔치고 약탈을 일삼았다. 특히 부유한 집에 시체를 치우러 가면 그 죽음의 집에서 그들은 무소불위의 권력자가 되었다. 가끔 살아 있는 자들의 물건에 트집을 잡아 훔치기도 했다. 만약 물건 주인이 반항하면 그를 밀어서 시체들이 실려 있는 수레에 아무렇지도 않게 던져 버렸다. 평소에는 2개의 눈을 가져야 정상이라고 말하지만, 비정상적인 상황에서는 외눈박이가 왕이 될 수도 있지 않은가. 바로 그와 같은 상황이었다. 시체 치우는 이들의 횡포는 심해졌고 그들의 수입은 더욱 짭짤해졌다. 허가 없이 이상한 약을 제조해서 팔았던 이들이나 페스트를 치유해준다고 속였던 야바위꾼도 수입을 많이 올렸다. 그런 그들도 병에 전염되어 한순간에 모든 것

P. D. VINCENTIUS MACCANTI C.R.
Mutinensibus Populis pestilentia dirè affectis,
Duobus cum sociis in eadem Charitatè palestra
Præclara morte defunctis,
Tamquam Angelus è cælo lapsus,
Egregiam navavit operam.

페스트가 만연하던 당시의 모습

이 허사가 되는 경우도 있었다. '오늘 헛간에 곡식을 잔뜩 쌓아두고, 내일 죽어버리면 무슨 의미가 있는가'라는 성서 말씀처럼 말이다.

1631년부터 페스트로 죽는 사람들의 숫자가 2000명으로 줄어들었다. 전염병은 서서히 사라졌지만 그 후유증은 엄청났다. 1492년 콜럼버스가 신대륙을 '찾은' 이래 베네치아는 유럽 제일의 무역항이라는 위상을 점점 빼앗기고 있었다. 거기에 페스트 같은 큰 전염병이 돌고 나자 베네치아의 상업 시장은 완전히 얼어붙었고, 서서히 내리막을 길을 걷게 되었다.

지금은 아름답고 평화로워 보이는 세계적인 수상도시가 이런 참담한 역사를 말없이 품고 있었다는 것이 놀랍기만 하다. 당시에 페스트는 어마어마한 재앙이었다. 지금 전쟁이나 질병, 기아로 죽어가며 고통당하고 있는 사람들을 생각해보자. 그리고 저 무시무시한 자연재해—지진, 해일, 화산 폭발, 홍수—들을 보면 평화와 안전이 얼마나 중요한 삶의 기본바탕인지를 깨달을 수 있을 것이다. 이렇게 구축된 바탕 위에서 의식주를 갖추고 산다는 것만으로도 감사할 일임을 새삼 깨닫는다.

53명의 아이를 출산한 '다산의 여왕' 쉬모처

그녀가 살았던 뵈닉히하임 교회 안에는 1500년경 이 가족을 그린 그림이 걸려 있다.
아버지는 38명의 아들과 함께 왼쪽에, 오른쪽 엄마 곁에는 15명의 딸이 서 있다.

중세 유럽에는 산부인과가 따로 없었고 조산원이 출산을 도왔다. 그러다 보니 산모가 아기를 낳다 잘못되는 경우가 많았다. 출산이 다가올수록 불안감이 커져서 종교에 매달리는 사람도 많았다. 성당에 가서 순산을 기원하는 기도를 올려도 좀처럼 걱정이 가시지 않자 불행을 예방하는 부적을 지니고 다니는 사람도 있었다. 이런 분위기 속에서도 출산의 위험을 감수하고 다산을 한 용감한 바르바라 스트라츠만(1448~1503)이라는 여인이 있다.

그녀와 남편은 넉넉한 형편은 아니었지만 늘 신뢰를 바탕으로 살았다. 독일 바덴뷔텐베르크 주에 있는 뵈닉히하임 출신인 바르바라 쉬모처는 결혼 후 남편의 성을 따라 '스트라츠만'이 되었다. 그들이 죽고 난 후 사람들은 그들을 기념하는 애칭으로 '에와 쉬모처 여인' 또는 '아담 스트라츠만'라는 칭호를 붙여주었다. 성서에 나오는 이름

아담은 남자에게, 에와는 여자에게 붙인 것이다.

쉬모처는 53명의 아이를 낳았다고 문서에 정확히 기록되어 있다. 55년 동안 살았던 여자가 어떻게 이 많은 아이를 출산할 수 있단 말인가? 29번 출산하는 동안 '53'이라는 아이를 어떻게 낳았을까? 그 숫자가 어떻게 가능할까? 사료에 따르면 이 여인은 18번은 아이 1명을 출산하고 그 다음 5번은 쌍둥이, 4번은 세 쌍둥이, 또 1번은 여섯 쌍둥이 그리고 1번은 일곱 쌍둥이를 낳았다고 한다. 계산해 보면 그 숫자가 딱 맞다.

그녀가 살았던 뵈닉히하임 교회 안에는 1500년경 이 가족을 그린 그림—독일에서 아이를 가장 많이 낳은 바르바라 쉬모처 여인, 그녀의 남편과 53명의 아이들—이 걸려 있다. 38명의 아들은 아버지와 함께 왼쪽에, 오른쪽 엄마 곁에는 15명의 딸이 서 있다. 1650년경에는 펠리페 얀센이라는 사람이 이 그림을 동판화로 만들었는데 아직까지 뷔텐베르크 도서관에 견본이 남아 있다.

바르바라 쉬모처에 대해 의학자들은 회의적인 견해를 밝힌다. 특히 헤르만 크리크나 라인하르트 교수는 현대 의학적 근거를 들이대면서 그녀의 출산을 인정하기 어렵다고 하였다. "한 여인이 29번 출산할 가능성은 있지만 의학이 발달하지 않았던 그 시절에 거의 해마다 아이를 낳고 어떻게 무사할 수 있었을까?" 의학적으로도 쌍둥이를 낳을 확률은 80분의 1, 세쌍둥이는 7000분의 1, 여섯 쌍둥이는 훨씬 희박한 경우라는 것이다.

하지만 1498년에 프리드리히 도임링이라는 법무관은 문서를 남겨 바르바라 쉬모처가 53명의 어린이를 낳은 것은 '확실한 사실史實'이

라고 자필로 등록해두었다. 또 호른베르크의 성城도서관에 보관되어
있는 공증서류에도 기록문서가 남아 있다. 이 지방 역사학자 쿠르
트 사르토리우스도 강하게 그녀의 출산을 지지했다. 오늘날 현대의
학의 관점에서 본다면 상당히 의문스러운 일이지만 역사 속에는 불
가사의한 일들이 무수히 전해져 온다. 더러 이 사실을 의심하는 사
람들은 "이 아이들은 그 당시 뵈닉히하임 부근에 있던 수도원에서
데려온 것"이라고 말하는데 쿠르트는 말도 안 되는 소리라고 정면으
로 반박했다. 당시 이 부근에 수도원이 있긴 했지만 시기가 일치하
지 않고 그곳에는 남자 수도원만 있었다는 사실을 언급하면서 그는
질문 자체를 일축해 버렸다. 또 하나 첨부된 사료에는 막시밀리안 1
세(1459~1519)가 이 여인에 관한 소식을 전해들었다는 기록이다. 왕
이 이 도시 부근에 잠시 머물 때 누군가가 그에게 들려준 것이 틀림
없다고 역사가들은 이야기한다. 그녀에 관한 이야기는 아직도 전설
과 실존 사이에서 오가고 있다

　쉬모처 외에도 의학적인 관점에서 보면 의심의 여지가 다분한 여
인들이 있는데 하나는 러시아 출신의 한 농부의 아내(1707~1782)가
69명의 아이를 낳았다는 기록이다. 이 여인은 현재 세계에서 가장
아이를 많이 낳은 여인으로 불리고 있다. 다른 사람은 1990년대에
칠레에 살았던 한 여인으로, 이 여인은 55명의 아이를 낳았다고 전
해진다. 바르바라 쉬모처는 독일에서는 단연 '다산의 여왕'이지만 세
계 순위로는 3등쯤 되는 것 같다. 하지만 바르바라 쉬모처는 이 두
여인과는 달리 문서실에 기록으로까지 남아 있는 인물이라는 점이
다르다.

위는 '다산의 여왕' 쉬모처 일가의 그림이 그려진 성당 벽화.
아래는 순산을 기원하는 산모의 모습

르네상스의 두 여성화가

아르테미시아는 당대의 화가 카라바지오의 영향을 받았지만 그녀의 그림은
카라바지오의 그림과는 확연히 다르다. 카라바지오가 그린 '유디트'가
남자의 목을 베고 놀라는 수동적인 여인이라면, 그녀의 '유디트'는
복수의 갈망을 숨김없이 드러내는 강한 여성이다.

르네상스 시대의 여성이 그린 그림을 소개한다. 성서에서 유디트
Judith가 칼로 목을 베는 장면을 재연한 이 그림의 제목은 〈홀로페르
네스의 목을 베는 유디트〉이다. 이 그림에서 칼을 든 여성은 내면에
서 쏟아져 나오는 혐오감과 불쾌감을 얼굴에 확연히 드러내고 있다.
이런 행동을 몇 번이나 해본 듯 여성은 초연한 모습으로 수염을 잡
고 남자의 목에 칼을 대고 있다. 주인공 여성의 단호한 표정도 섬뜩
한데 옆에서 돕는 여성의 표정도 초연하기 이를 데 없다. 젖 먹던 힘
까지 토해내어 남성에게 원수를 갚는 것으로 해석해도 무리 없이
읽힌다. 성서의 내용을 토대로 했지만 여성의 그림치고는 섬뜩하다.
한 여성의 머리와 손끝에서 이런 잔인한 작품이 나올 수 있었던 배
경은 무엇일까? 그녀 안에 든 광기의 폭발인가? 아니면 애초에 그녀
가 남성혐오증을 갖고 있었던 것일까? 예술사가들은 이구동성으로

아르테미시아의 그림 〈홀로페르네스의 목을 베는 유디트〉

"예술사에서 이런 그림을 그렸던 여성은 처음"이라고 말한다.

이 그림을 그린 여성은 르네상스 시대의 화가인 아르테미시아 젠
틸레스키(Artemisia Gentileschi, 1593-1653)이다. 그녀의 이름은 몇 세
기 동안 잊혔다가 1900년 초 예술사학자인 로베르토 론기에 의해서
발굴되었다. 그러다가 1947년에 그녀에 관한 소설이 나오면서 다시
한 번 그녀에 대한 관심이 일었다.

어릴 때부터 그녀는 화가인 아버지 오라치오(Orazio Gentileschi,
1563~1639)의 그림 모델을 했다. 아버지는 딸이 화가의 길로 들어서
는 것을 싫어했지만 그녀의 재능이 드러나자 결국은 화가의 길을 걷
도록 그녀를 이끌어 주었다 당시는 미술학교가 없었기 때문에 미
술 수업을 받기 위해서는 유명한 화가의 문하생으로 들어가야 했다.
아버지는 딸을 유명한 화가이자 친구인 아고스티노 타시(Agostino
Tassi, 1580~1644)의 문하생으로 들어갈 수 있게 주선했다. 이때 아
르테미시아의 나이는 15세였다. 그러던 어느 날 일이 터지고 말았다.
그녀가 스승인 타시에게 강간을 당한 것이다. 이 사실을 알게 된 아
버지는 엄청 분개하여 그를 재판에 회부했다. 그렇지만 간단한 재판
은 아니었다. 오늘날도 그렇지만 강간 장면을 누가 보거나 사진으로
찍어놓지 않는 이상은 증명하기 어렵기 때문이다. 몹쓸 죄인을 처
벌해 달라고 청한 재판에서 오히려 그녀는 여인으로서 온갖 수모를
당했다. 강간 사실을 입증하기 위해 여인의 몸 부분까지 조사당하
는 치욕을 겪었다. 이런 과정 끝에 재판 결과가 나왔는데 가해자인
스승 타시에게 주어진 형벌은 단지 10개월 간의 감옥생활이었다. 그
는 10개월만 감옥에서 버티면 되지만 아르테미시아의 상처는 평생

꼬리표처럼 그녀에게 달릴 게 분명했다.

고통스러운 경험을 예술로 승화하다

그 후 그녀는 피에란토니 스티아테시와 결혼한 뒤 남편의 고향인 피렌체로 떠났다. 피렌체에서 그녀는 이름을 바꾸고 활동을 재개했다. 과거의 상처를 지우고 새로 출발하려는 각오와 의도가 컸던 것이다. 그녀는 르네상스를 대표하는 화가인 미켈란젤로의 조카에게 그림을 주문받기도 했다. 그런데 이 조카가 그림 대금을 갚지 않자 당차게 돈을 요구하기도 했다. 피렌체에서 명성을 쌓은 그녀는 당대 유럽 제일의 부호 메디치 가문에 전속 미술가로 들어갔고, 1616년에는 남편과 함께 미술아카데미의 회원이 되었다. 17세기 이후 여성화가도 미술아카데미의 회원이 될 수 있었는데 그녀는 이 단체에 들어간 첫 여성이었다. 당시 유명한 학자였던 갈릴레오 갈릴레이와 친분을 나눌 정도로 그녀는 미술계와 사교계에서 특별한 여성으로 부각되었다.

그녀는 1623년 다시 로마로 돌아왔다. 로마에서 두 딸과 함께 아틀리에를 열고 그림 주문을 받았다. 교황 우르바노 8세(Urbanus VIII, 재위 1623~1644)의 조카이자 유명한 추기경의 초상화까지 그릴 정도로 명성을 쌓았다. 그녀는 1630년 다시 나폴리로 이동했다. 나폴리는 당시 로마보다 몇 배 큰 문화 중심지였다. 처음에는 그곳에서 그녀를 알아주는 이들이 많지 않았지만 그녀가 어느 날 한 유명한 귀족에게 주문받은 초상화를 완벽하게 그려낸 뒤로 그녀에 대한 칭송이 자자해지면서 옛 명성이 부활했다. 상처를 딛고 일어선 아르테미시아는 1652년에 생을 마감했다.

그녀는 당대의 화가 카라바지오의 영향을 받았지만 그녀의 그림은 카라바지오의 그림과는 확연히 다르다. 카라바지오가 그린 '유디트'가 남자의 목을 베고 놀라는 수동적인 여인이라면, 그녀의 '유디트'는 복수의 갈망을 숨김없이 드러내는 강한 여성이다. 그녀의 작품 〈회화의 알레고리로서의 자화상〉의 주인공도 해골을 당당하게 목에 걸고 있다. 그녀는 얽매임 없는 자유로운 표현을 시도했고, 여성으로서 드물게 그림 작업장을 차려서 많은 동료를 휘하에 거느리고 일한 강한 여성이었다. 그녀의 그림은 성서의 이야기를 모티프로 한 것이 많지만, 그림 속 주체는 늘 '여성'이었다. 상처를 이기고 강한 여성으로, 재능 있는 여성으로 당당하게 살아간 그녀에 관한 영화는 1997년 나왔다.

인간 중심의 사상이 번지면서 초상화도 유행

르네상스 시대 최초의 여성화가로 알려진 사람은 소포니스바(Sofonisba Anguissola, 1532~1625)이다. 그녀는 크레모나에서 상인의 딸로 태어나 5명의 자매와 성장했다. 아버지는 딸들을 교양 있는 여인으로 키우는 것이 소원이었다. 소포니스바가 그림에 재능이 있다는 걸 안 아버지는 딸을 당시 명망 있는 화가 베르나르디노 캄피(Bernardino Campi, 1522~1590)의 문하생으로 보내, 딸이 철저한 미술수업을 받을 수 있게끔 재정적인 뒷받침을 해주었다. 그리고 다시 미켈란젤로 밑에서 그림을 배우게 했다. 그녀가 가장 큰 영향을 받은 화가는 라파엘로였다. 공부를 마친 그녀는 주문받은 초상화를

소포니스바의 그림 〈체스를 두는 세 자매〉

그리기 시작했다. 그녀의 초상화 실력은 매우 뛰어나서 화가 루벤스까지 그녀가 그린 초상화를 복사했다고 한다. 그녀는 살아생전 여성 화가로서 큰 명성을 얻었다. 그녀는 초상화뿐만 아니라 여러 지방을 아버지와 함께 여행하면서 많은 그림을 남겼다.

르네상스 시대 이전 그림의 테마는 주로 교회와 연관되거나 성인이나 성서와 관련된 것이 대부분이었다. 그러다가 15세기부터 신이 아니라 인간을 표현하려는 움직임이 일어났다. 그러면서 초상화가 유행하기 시작했다. 초상화를 잘 그리는 화가로 명성을 날리면 주문이 쇄도했다. 죽은 이가 그림 속에서는 생생한 모습으로 살아 있기 때문에 "그림은 죽은 이들을 몇백 년간 더 살게 한다"는 말이 생겨났다. 16세기에 들어서면서 초상화뿐만 아니라, 실생활에서 살아 움직이는 다양한 인간의 모습을 화폭에 담기 시작했다.

다시 소포니스바의 이야기로 돌아가자. 그녀의 왕실초상화 실력은 점점 유명세를 탔다. 그녀는 1559년에 스페인의 전속 미술사로 들어갔다. 24세의 스페인 왕 펠리페 2세가 14세 신부 이사벨(앙리 2세의 딸, 결혼 전 이름 엘리자베스)의 초상화를 그려달라고 부탁했다. 그녀는 이사벨의 모습을 완벽하게 그려내서 깊은 신뢰를 얻었고 왕족과도 친분을 쌓았다. 특히 이사벨과는 친숙한 관계로 발전했다. 그렇지만 이사벨이 세 번째 임신 때 갑자기 죽어버리자 그녀는 깊은 슬픔에 빠졌다. 늘 방패막으로 도와주었던 이사벨이 없자, 외국 여성으로서 스페인 왕실에서 혼자 살아가는 것도 어려웠다. 이 사실을 알아챈 왕은 소포니스바에 대한 배려로 따로 작은 집과 선물을 마련해주었다. 왕의 배려는 여기서 그치지 않았다. 45세의 소포니스바

에게 시칠리아 출신의 돈 많은 귀족을 소개해 결혼까지 시킨 것이
다. 결혼 5년 후 남편이 갑자기 살해되자 그녀는 선장과 두 번째 결
혼을 했다.

이때부터 그녀는 다시 활기를 찾았고 그녀의 아틀리에는 문화적
인 사교장이 되어 많은 사람들이 찾았다. 화가 루벤스(1577~1640)
도 손님으로 자주 드나들었다. 화가 반 다이크(Dyck, 1599~1641)도
1624년 그녀를 방문했다는 것을 보면 그녀의 명성이 짐작이 간다.
그녀는 1625년 죽을 때까지 50점의 그림을 남겼다.

3부

뒷골목의 종교

교황 요한 8세의 근엄한 행렬이 로마의 한 거리에서 진행되고
있었다. 이때 누군가 신음소리를 내고 말에 떨어졌다. 그는
교황이었다. 손을 흔들며 구경하던 수많은 사람들은 그 순간
경악을 금치 못했다. 교황 요한 8세가 행렬 중에 아이를
낳았기 때문이다. 남자가 아이를 낳다니? 그것도 교황이?

여교황, 아기를 낳다

여교황 요한나 이후 바티칸에는 새로운 제도가 생겼다.
교황에 당선된 이는 무조건 아래 속옷을 벗은 채 중간에 구멍이 난
의자에 앉아 심사를 받고 남자임을 입증해야 했다.

지금부터 1000년을 거슬러 올라간 855년 어느 날이었다. 교황 요한 8세의 근엄한 행렬이 로마의 한 거리에서 진행되고 있었다. 이때 누군가 괴로운 신음 소리를 내고 말에서 떨어졌다. 그는 교황이었다. 손을 흔들며 구경하던 수많은 사람들은 그 순간 경악을 금치 못했다. 교황 요한 8세가 행렬 중에 아이를 낳았기 때문이다. 남자가 아이를 낳다니? 그것도 교황이? 바로 그가 교황 레오 4세(Leo Ⅳ, 재위 847~855)와 베네딕토 3세(Benedictus Ⅲ, 재위 855~858) 사이에서 2년 5개월 동안 재위했다고 알려진 9세기의 전설적인 여교황 요한나이다. 요한나 여교황이 허구의 인물인지 아니면 실제 있었던 역사적인 인물인지에 대한 물음이 수세기 전부터 오늘날까지 이어지고 있다.

어릴 때부터 지혜와 총명함이 넘쳤던 요한나는 818년에 가난한 수도자의 딸로 태어났다. 그녀의 꿈은 학자가 되는 것이었다. 그녀는

당시 국제어인 라틴어, 그리스어는 물론 철학까지 깊이 있게 공부했다. 새로운 지식을 갈구했던 그녀는 금지된 서적을 구해서 탐독했다. 이런 일로 아버지에게 들켜 무자비하게 맞기도 했다. 여자였기 때문에 더 심하게 통제를 받았다. 그녀는 스스로 알아차리고 있었다. 여성이 아무리 풍부한 지식과 총명함을 갖추어도 남성의 벽을 넘지 못한다는 것을 말이다.

그녀는 머리를 자르고 천으로 가슴을 묶어 평평하게 만든 후 남장을 했다. 이름도 여자 이름인 요한나Johanna를 버리고 남자 이름인 요한(요하네스Johannes)을 사용했다. 그리고 독일 풀다에 있던 베네딕토 수도원에 들어갔다. 그녀는 남장이 발각될까봐 늘 조마조마하면서 살았다. 다행히 그녀는 무사히 사제서품을 받을 수 있었다. 특히 그녀는 신비스러운 약초로 병자를 고치는 기술이 뛰어났다. 함께 살았던 동료들은 그녀의 의술에 늘 탄복했다. 그러던 어느 날 요한나는 높은 열에 시달렸다. 옷을 벗고 검진을 받지 않으면 안 될 지경에 이르렀다. 옷을 벗으면 여자라는 게 들통날 것이 뻔하고, 벗지 않으면 이상한 사람이 될 처지였다. 두려운 나머지 그녀는 수도원에서 도망을 쳤다.

그녀는 그 길로 로마 순례에 나섰다. 거기서도 그녀는 신비한 약초의술로 많은 병자를 고쳤고 어느새 로마에서 유명한 의사로 이름을 날렸다. 그때 마침 통풍에 시달리던 교황 세르지오 2세(Sergius II, 재위 844~847)를 그녀가 치료하게 되었다. 이 만남을 계기로 그녀는 교황의 주치의로 일하는 행운을 잡게 되었다. 그녀의 신분은 로마에서 점점 더 상승 가도를 달렸다. 물론 그녀가 여성이라는 사실은 어느 누구도 눈치 채지 못했다. 교황 세르지오 2세가 죽고 레오 4세가 새 교황으로 선출되었다. 레오는 그와 늘 원수관계였던 추기경 아나스타시우스에게 독살당했다. 그리고 요한나가 교황 레오의 후계자로 임명되었다.

교황이 된 요한나는 비밀리에 여러 남자들과 사랑을 나누다가 덜컥 임신을 하였다. 갖은 방법을 동원해 낙태를 시도했지만 마음대로 되지 않았다. 다행히 교황의 옷이 품이 크다 보니 임신 표징은 겉으로 드러나지 않았다. 아마도 그녀의 측근은 임신 사실을 알면서도 쉬쉬했는지 모른다. 그런 몸으로 엄숙한 교황 행렬을 하는 동안 그녀는 갑작스런 통증 끝에 조산아를 낳고 그 자리에서 죽고 말았다.

교회는 17세기 초까지 여자 교황의 존재를 인정했다

교회는 17세기 초까지 여자 교황이 있었다는 사실을 인정했다. '요한나라는 여자가 교황 레오의 후계자로 2년 5개월 4일을 재위하였다'라는 기록이 한동안 남아 있었다. 그러나 17세기 이후 교회는 그녀에 관한 기록을 체계적으로 삭제해 나갔다. 이때부터 레오 4세와 베네딕토 3세 사이에 존재했던 여교황 요한나의 흔적은 사라졌다. 교회에서도 공적으로 더 이상 그녀를 표명하지 않았다. 교회가 그녀에 대한 자료를 의도적으로 없애고 변조하자 그녀의 자취를 찾는 일은 힘들어졌다. 약간 남아 있던 기록문서나 문헌이 도움을 주기는 했다. 수세기를 내려오면서 이 문헌을 바탕으로 끊임없이 그녀에 관한 이야기가 거론되었다. 1649년 네덜란드인 블론델은 요한나에 대해 본격적인 연구를 시도했지만 끝내 증명이 안 된다며 전설의 교황으로 결론을 내렸다. 그렇지만 여전히 많은 학자가 그녀의 실존을 주장했다. 1278년에는 도미니코회 수도자 마르틴 폰 트로파우가, 1479년에는 바르톨로메오 사키르크가 여교황을 역사적인 인물로 언급했다. 그 자료들은 지금도 남아 있다.

다른 옛 문헌을 들추어 보면 1737년 엘렌판트가 라틴어로 쓴 문서에서 그녀를 '역사적인 인물로 간주한다'고 기록했다. 헤르만 교수는 '몇 세기 간 이 교황을 늘 인정하고 있었기에 의심의 여지가 없다'고 말했다. 한동안 그녀의 초상화가 시에나 성당에 다른 교황들과 함께 나란히 걸려 있었다는 것이다. 그는 '교황의 의자'와 '여교황 거리'를 증빙으로 들었다.

'교황의 의자'라는 것은 무엇인가. 여교황 요한나 이후 바티칸에는 새로운 제도가 생겼다. 교황에 당선된 이는 무조건 아래 속옷을 벗은 채 중간에 구멍이 난 의자에 앉아 심사를 받아야 했다. 한 수도자가 그 구멍 밑에서 관찰자로 참여했다. 그는 의자에 앉은 사람이 남성이 확실하면 "지금 당선된 분은 남성이다Unser Erwaelter ist ein Mann"라고 외쳤다는 것이다. 16세기까지 이 절차를 거쳤다고 헤르만 교수는 전한다. 더불어 재미있는 이야기는 교황 알렉산데르 6세(Alexander VI, 재위 1492~1503)와 이 의자에 얽힌 이야기다. 그는 추기경일 때부터 부인이 있었고, 그들 사이에는 아이도 있었다. 그런데도 그가 교황이 되었을 때 이 의자에 앉아서 검증을 받았다는 것이다. 아무 이유 없이 이런 검증의자가 생겨났을 리 없다는 게 그의 주장이다.

여교황 요한나를 상징하는 그림

교황의 성별을 가리기 위해 사용했다고 알려진 구멍 난 의자.
이탈리아 로마의 한 교회(Lateran)에 있었다는 기록이 전해진다

교황이 아이를 낳았다고 알려진 거리는 출입금지 구역으로 지정돼

또 하나는 로마에 있는 '여교황 거리Die Gasse der Paepstin'이다. 교황 요한나가 행렬하다가 아이를 낳은 곳을 말한다. 그 이후 무슨 연유인지 모든 교황은 이 거리를 피해서 지나가야만 하는 규정이 생겼다. 한 예로 1486년 인노첸시오 8세(Innocentius Ⅷ, 재위 1484~1492)가 교황으로 당선된 후 '여교황 거리'를 피하지 않고 그대로 통과했다가 신분 높은 수도자에게 비난을 들었다. 이 거리는 남자 교황들이 얼씬거리지 못하는 곳이 되었다. 교황이 아기를 낳았다는 것이 거짓이라면 이런 속설이 생겼을 리 없다고 헤르만 교수는 말한다.

이런 모든 연유로 헤르만 교수는 다음과 같은 결론을 내렸다. "레오 4세와 베네딕토 3세 사이의 등극 연대는 문서 조작이 이루어졌다. 요한나의 사건을 감추기 위해서 그녀가 등극했던 2년이 넘는 시간을 베네딕토 3세에게 갖다 붙인 것이다."

J. 될링어는 1863년 5월 24일 뮌헨에서 요한나 교황에 대한 책을 발간했다. 그는 여기서 지금까지 요한나 교황에 대해 언급했던 학자들을 죽 나열했다. E. 궤스만 교수는 요한나 교황을 여성학적인 입장에서 풀어나가면서 시대별로 고찰한 논문을 썼다. 지금까지 학자들의 견해를 보면 요한나를 역사적인 인물로 간주할 수밖에 없다. 여자라는 이유 하나만으로 바티칸이 그녀에 대한 기록을 지웠다는 의구심이 든다.

그녀의 이야기는 연구서 혹은 역사소설로 출간되었다. 돈나 크로소(1996), 엘리자베스 궤스만(1998), 페터 스탄포르드(2000), 엠마누엘 뢰데스(2000), 잉게보르그 크루제(2002) 등이 그녀에 관한 글을 집필했다. 영화도 2편이나 나왔다. 영화, 역사소설 그리고 연구서 등의 출간으로 미루어볼 때 요한나 여교황에 대한 관심이 매우 크다는 것을 알 수 있다.

그녀의 고향은 독일 프랑크푸르트 인근 마인츠이다. 이곳에는 그녀에 관한 직접적인 자취가 별로 남아 있지 않다. 그렇지만 마인츠 마르티누스 학술 도서관에서는 2010년 6월 16일~10월 1일 87개의 요한나의 자료를 가지고 전시회를 열었다. 1000년이 지난 지금, 그녀의 고향 후손들은 이런 전시회를 통해서 그녀를 기억 속에 다시 되살리고자 한다. 오늘날까지 이어지고 있는 의문은 요한나가 허구의 인물인지 아니면 실제 있었던 역사적인 인물인가라는 점이다. 아직도 논쟁은 끝나지 않았다. 만약 그녀가 단순히 전설적인 허구의 인물이었다면, 어떻게 그녀의 출생에서부터 성장 과정이 이토록 상세하고 정밀한 기록으로 남아 있는 것인지 의문을 제기해볼 수 있다.

죽은 교황을 법정에 세우다

교황 스테파노 6세는 9개월 전에 죽은 전임 교황 포르모소의 시체를
무덤에서 꺼냈다. 그 해골에 생전처럼 교황 모자를 씌우고
백골이 된 시체에 교황 옷을 입혀 법정에 세웠다.

우리가 일반적으로 듣고 보는 20세기의 교황은 근엄할 뿐만 아니
라 신성한 분위기를 띠는 특별한 종교인이다. 하지만 2000년 역사
를 지닌 그리스도교의 역사를 파헤쳐 보면 다른 모습으로 살다간
교황들도 적지 않다. 교황의 권위가 땅에 떨어진 적도 여러 번 있었
다. 특히 교황권이 왕권에 장악 당했을 때는 예외 없이 권력을 두고
교황과 왕실이 피나는 싸움을 했다. 교황 선출시에 일어난 혼탁한
잡음도 한두 번이 아니었다. 교황이 살해되었다는 애기도 종종 전해
진다. 9세기 중반의 전설적인 여교황 요한나까지 포함해서 이런 교
황들의 특별했던 삶은 독일에서 영화, 소설까지 등장할 정도로 널리
알려져 있다.

역사학자이자 주교였던 리우트프란드는 10세기 전후 교황들의 모
습에 대해서 언급하면서 이 시대는 '교황권의 내적인 몰락과 부패의

시대'라고 정의했다. 당시 교황들은 로마의 영향력 있는 가문의 손아귀에서 놀아났다. 자주적인 발판을 찾기 위해 몸부림쳤는가 하면, 다른 한편으로는 교황직을 지키기 위해 황제나 왕족과 손잡고 연대하기를 갈구했다. 그러다 보니 교황으로서의 업무 수행은 뒷전이었다. 어떻게 하면 세속권력을 손아귀에 넣을 수 있을지 혈안이 된 사례가 빈번했다.

896년 스테파노 6세(Stephanus Ⅵ, 재위 896~897)가 죽은 교황인 포르모소(Formous, 재위 891~896)에게 한 짓은 그리스도교 역사의 어두운 한 단면을 들춘다. 교회사 기록에 의하면 당시 교황인 스테파노 6세는 9개월 전에 죽은 전임 교황 포르모소의 시체를 무덤에서 꺼냈다. 그 해골에 생전처럼 교황 모자를 씌우고 백골이 된 시체에 교황 옷을 입혔다. 스테파노 6세는 전임 교황 포르모소의 유골에 왜 이런 잔혹한 짓을 저질렀을까? 풍수지리학에 따라 더 좋은 명당자리로 이장하려고 그랬던 것일까? 혹시 포르모소가 생전에 그리스도 정신에 위배되는 더러운 죄를 지었단 말인가? 그것은 아니었다. 세속적인 권력 투쟁과 감투에 얽힌 사건이었다.

스테파노 6세는 죽은 전임자에 대해 사적인 원한을 도저히 억누를 수 없었다. 그래서 죽은 교황을 산자처럼 재판에 회부하려고 한 것이다. 누군가를 고발해서 재판하려면 그 당사자가 현존해야 한다. 죽은 자는 법정 고발 대상이 될 수 없기 때문이다. 그래서 전임자 포르모소를 무덤에서 다시 꺼낼 수밖에 없었던 것이다. 교회사에서 이 사건을 가리키는 원제목을 그대로 옮기면 '시체 공의회-교황 포르모소의 시체 발굴'이다.

위는 교황 포르모소의 생전의 모습
아래는 죽은 교황의 해골에 옷을 입혀 재판에 세운 모습을 풍자한 그림

죽은 자를 상대로 재판을 걸다

이 상황을 한번 상상해보라, 얼마나 우스꽝스러운가? 그림에서도 볼 수 있듯이 무덤에서 끄집어 낸 교황 시체에(어떤 약물처리를 하여 냄새를 미리 없앴을 수도 있었겠지만) 교황 옷과 모자를 씌웠다. 시체를 향해 손가락질하면서 비난하는 모습이 어처구니없지만 마치 죽은 교황이 다시 살아서 돌아온 것처럼 보이기는 한다. 이 재판은 장장 3일이나 걸렸다. 죽은 교황에게는 변호사가 선임되었다. 그렇지만 이것은 처음부터 형식적인 재판이었다. 이미 재판의 결말은 예견되었다. 포르모소는 스테파노 6세가 원했던 죄목을 당연히 뒤집어썼다. 무덤을 파헤쳐 해골에 옷을 입히고 열린 재판은 조작된 쇼에 불과했다. 대체 어떤 기막힌 사연이 있었기에 이런 일을 벌인 것일까?

교회사의 구체적 기록을 따라가 보자. 전직 교황 포르모소는 이탈리아 포르토 지방에서 유능한 주교로 재직했다. 891년 10월 6일 교황으로 당선되었는데 순탄하게 교황이 될 수 있었던 것은 9세기 말 로마에서 잘 나가던 스폴레토Spoleto 가문의 후원을 받았기 때문이다. 당시 이 귀족 가문은 부와 권세를 누리며 로마는 물론 이탈리아 일부 지방까지 지배하고 있었다. 이 집안의 수장인 귀도는 이탈리아의 왕이 되려는 거대한 포부를 지니고 있었다. 그는 또 언젠가는 신성로마제국의 황제가 되려는 욕망을 지닌 인물이었다. 이런 야망을 가졌기에 그는 교황 선출 때마다 빠짐없이 간섭하고 영향력을 행사했다. 그리스도교의 수장에게 황제를 선출할 수 있는 권한이 주어져 있기 때문에 나중을 생각하고 미리 포석을 깔아둔 것이다. 귀도 스폴레토의 야심대로 주교였던 포르모소가 선택을 받았고, 그는 포르모소가 교황에 선출될 수 있게 기꺼이 도왔다.

교황이 된 포르모소는 귀도 스폴레토를 신성로마제국의 황제로 지목했고, 그의 아들 람베르트를 부황제로 명했다. 그런데 일이 묘하게 꼬이기 시작했다. 894년 귀도 스폴레토가 죽자 아들이 황제 자리를 이었는데 권력을 물려받은 아들이 너무나 오만방자한 행동을 일삼고 다녀서 교황마저 더 이상 참을 수 없게 된 것이다. 교황은 이 오만한 황제를 내몰기로 작정했다.

그는 896년 동프랑크의 왕 아르눌프에게 도움을 청했다. 동프랑크의 왕은 마치 기다렸다는 듯 군사를 이끌고 로마로 진격했고 단 하루 만에 로마를 점령했다. 그리고 오만한 황제였던 람베르트 스폴레토를 추방했다. 교황 포르모소는 고마움의 표시로 아르눌프를 신성로마제국 황제로 격상시켰다. 그 일을 지켜보던 로마의 귀족은 공포에 떨기 시작했다. 자기들도 언제 람베르트처럼 당하게 될지 모른다는 불안감이 생겼던 것이다. 귀족들은 자기들끼리 뭉쳐서 포르모소 교황을 견제하기 시작했고 점점 갈등의 골이 깊어졌다. 기이한 운명의 장난이었는지 교황 포르모소는 2개월 후인 896년 4월에 죽었다. 교회사에 나온 사인은 물론 자연사였다.

포르모소 교황의 이야기는 여기서 끝나지 않는다. 교황의 후계자가 된 보니파시오 6세(Bonifacius VI, 재위 896~896)는 당선된 지 15일 만에 독살당했다. 다음 교황으로 스폴레토 가문과 가깝게 지냈던 스테파노 6세가 올랐다. 선임 교황이었던 포르모소에게 복수심을 가지고 있던 스폴레토 가문의 람베르트는 새 교황 스테파노 6세와 함께 계략을 짰다. 그것이 위에 언급한 '시체공의회'에 의한 기이한 재판이다. 왜 두 사람이 머리를 맞대고 이런 괴상한 재판을 꾸몄겠는가? '시체공의회'는 두 가지 의미가 있다고 기록은 전한다. 하나는 이런 방법을 통해서 스테파노 6세가 합법적인 교황이라는 사실을 공포하면서 자신의 자리를 확실히 굳히고자 함이고, 다른 하나는 쫓겨났던 스폴레토 가문의 권위를 다시 복원하려는 의도가 숨어 있다는 것이다.

부패와 암투로 점철된 교황직

재판 이후의 상황이 어떻게 되었는지는 불문가지의 일이다. 시체로 법정에 앉아있던 포르모소가 무슨 변론을 할 수 있었겠는가? 재판에 이긴 교황 스테파노 6세는 포르모소의 죽은 시체에 입힌 옷을 다시 벗기고, 생전에 교황으로서 누렸던 모든 권위와 직책을 공중분해 시켰다. 그가 과거에 가졌던 교황, 주교, 그리고 사제직을 전부 무효화시켰다. 그것도 모자라 그가 교황직을 수용할 때 선서하였던 오른쪽 세 손가락을 자르고 시체는 티베르 강에 던졌다. 나중에 스테파노 6세는 자비를 베푼다는 명목으로 포르모소를 로마의 후미진 구석에 매장하도록 했다.

당시 상황을 상상해보자. 로마 전역에 이 이야기가 퍼졌을 것이다. 로마인들은 삼삼오오 모여서 혀를 찼을 것이다. 술집에 모여 술잔을 기울이면서 부패한 교황의 도덕성에 치를 떨었을 것이다. 교황으로서 어찌 인간이 할 수 없는 짓을 하는가! 로마 시민은 분노했다. 그러던 차에 로마에 지진이 일어나서 교회가 무너져 내렸다. 로마 시민은 흥분하기 시작했다. 교황 스테파노 6세의 악한 행위에 노한 신이 드디어 신호를 보냈다고 생각했다. 분노한 사람들은 교황이 사는 곳으로 쳐들어갔다. 897년 8월 교황 스테파노 6세는 감옥에 갇혔고 후에 거기서 교살당했다. 람베르트도 898년 10월 사냥을 하다가 사고로 죽었다.

그 이후에 전개되었던 이야기도 덧붙인다. 포르모소를 옹호했던 교황들—20일짜리 교황이었던 테오도로 2세 그리고 요한 9세(898~900)—이 그의 장례를 다시 엄숙하게 치러주었다. 스테파노를 이은 교황 테오도로 2세는 "시체공의회는 법적으로 무효하다"고 공표했다. 그는 포르모소를 베드로 성당에 다시 묻어주었고 모든 권위를 재판 이전 상황으로 돌려놓았다. 그런데 이후 스테파노 6세의 옹호자였던 세르지오 3세(Sergius III, 재위 904~911)가 등장하면서 새로운 소용돌이가 일어난다. 이 '시체공의회' 이야기는 교회의 이미지를 결정적으로 실추시킨 사건 중 대표적으로 손꼽히는 사례이다. 역사학자 존 에릭도 스테파노 6세의 행위를 비판했다.

15세기 루터의 종교개혁은 결코 우연히 일어난 것이 아니었다. 고목이 스스로 지탱을 못할 경우에는 옆면에서라도 새순이 나와야만 한다. 그래야 그 고목이 지탱하면서 살아남을 수 있다. 그것은 종교의 본질적인 의미로 되돌아가기 위한 새순이라고 볼 수 있다.

유럽에서는 이런 일을 교회사에서 일어났던 역사적인 이야기로 객관적으로 평가고 있다. 종교 안에서 일어나는 추잡한 이야기도 사실이면 모두가 알아야 할 권리가 있다. 유럽인들은 이런 역사적인 사실을 사실대로 받아들일 뿐이지 이것을 가지고 종교가 무너진다고 생각하지 않는다. 그러니 우리는 이런 이야기를 차단할 것이 아니라 사실을 그대로 인정하고 그 위에 다시 '새로움'을 구축해나가야 할 것이다. 우리는 신이 아닌 인간이다. 인간이면 누구나 실수를 저지를 수 있다. 중요한 것은 이런 실수를 반성하면서 고쳐 나가는 '쇄신'이 아니겠는가. 그런 의미에서 진보적인 독일 신학자 드레버만과 큉처럼 교회의 쇄신을 주창하는 신학자들이 계속 나와야 할 것이다.

8명의 교황을 임명한 테오도라와 그녀의 딸

9세기부터 11세기 중반까지 약 45명의 교황이 즉위했는데
그 중 3분의 1 가량이 교황 자리를 박탈당했고,
나머지 3분의 1은 감옥에 가거나 추방당하거나 살해당했다.
이 시기 중 8년(896~904)은 자연사한 교황이 단 한 명도 없었다.

교회사가이자 대주교인 존 폴리는 "오늘날 카톨릭 신자들은 20세기 교황의 성聖스런 모습에 익숙해 있어서 지난 세기 교황들의 행위를 들추면 무척 놀라워한다. 교회사에 정말 이런 교황들이 있었느냐고 되묻거나 혹은 수용하기를 거부할지 모른다"고 말했다. 그렇지만 수세기 전, 격에 맞지 않게 살았던 몇몇 검은 양들이 있었던 것은 부인하지 못할 일이다. 지난 세기 교황들이 저질렀던 비윤리적이고 음흉했던 사건들을 기록했던 사람으로는 신학자 요제프(1867~955)와 교회사가이자 주교인 프로터닝함을 빠뜨릴 수 없다. 특히 17세기의 교회사가이자 추기경이었던 C. 바로니오는 역대 교황의 역사 속에서 특별히 '어두운 시기'를 지적했는데 9세기부터 11세기 중반(882~1046)까지의 기간을 말한다. 이때 약 45명의 교황이 즉위했는데 그 중 3분의 1이 교황 자리를 박탈당했고, 나머지 3

분의 1은 감옥에 가거나 추방당하거나 살해당했다. 이 시기 중 8년(896~904)은 자연사한 교황이 단 한 명도 없었다. 자연사의 반대가 무엇인지는 쉽게 짐작할 수 있을 것이다. 이 글에서는 그 '어두운 시기'를 조명해본다.

'어두운 시기'의 교황 이야기를 하려면 여걸인 테오도라Theodora와 그녀의 딸 마로치아Marozia를 빼놓을 수 없다. 이 여인들에 대한 기록은 동시대의 주교였던 리우트프란드가 남겼는데 그녀들은 출세, 통치, 사랑 놀음에서 막강한 힘을 가진 10세기의 여인들이었다. 이 막강한 힘으로 8명의 교황을 손아귀에서 쥐고 놀아났다. 그녀들의 영향력에 따라 어떤 이는 주교가 되었고, 어떤 이는 교황이 되었다.

테오도라의 덕을 가장 많이 본 이가 교황 요한 10세(Joannes X, 재위 914~928)이다. 그녀 덕택에 그는 대주교가 되었고 나중에는 교황이 되었다. 요한 10세는 교황에 적합한 인물은 아니었다. 그는 사라센 제국과 싸워 승리를 이끌어 낸 장본인이다. 교황의 자리보다는 군사 지휘에 더 어울리는 인물이었다. 그는 외교적이고 정치적이었으며 원칙도 없고 재산 증식에만 몰두한 사람이었다. 테오도라의 영향으로 교황직에 올랐지만 그는 그녀를 배반하고 말았다. 귀족 후고 가문의 젊은 딸과 사랑에 빠진 것이다. 그에게 배반당한 화풀이로 테오도라는 남편인 테오필락투스와 힘을 합쳐 요한 10세와 싸울 준비를 하였다. 그렇지만 테오도라는 그에게 복수하기 전 갑자기 죽었다. 독살이 아니었을까 하고 사람들은 말했다.

교회사에서 가장 암흑의 시기

그녀가 죽으면 모든 것이 끝날 줄 알았는데 그게 아니었다. 그녀의 딸 마로치아가 어머니를 대신해 로마의 무대에 나타났다. 그녀는 교황 요한 10세에게 싸움을 걸었다. 로마의 영향력 있는 귀족들이 마로치아의 편에 서서 이 싸움에 동참했으니 그녀는 겁날 것이 없었다. 마로치아가 끌고 온 군대가 교황 요한 10세의 군대를 박살내자, 요한 10세도 여기에 질세라 사방에서 힘을 끌어 모았다. 먼저 그의 동생 페터를 로마로 불러 들였다. 그는 동생에게 귀족 작위를 수여하고 동시에 높은 관직까지 얹어주었다.

그 사이 로마에 진입했던 마로치아와 로마 귀족들은 동생 페터, 교황 요한 10세 그리고 그의 추종자들을 로마에서 쫓아냈다. 쫓겨난 요한 10세 무리는 후에 군사를 보충해서 다시 로마로 진입했지만 마로치아의 군대는 형이 보는 앞에서 페터를 죽였다. 몇 개월 후 요한 10세도 감옥에 투옥되었고 그의 교황직은 928년 5월 박탈당했다. 그리고 감옥에서 누군가가 방석으로 그를 눌러 질식시켜 죽였다.

마로치아와 로마 귀족들은 레오 6세(Leo Ⅵ, 재위 928년 5월~11월)를 교황으로 몇 개월 등극시켰지만 이 교황은 전임 교황이 감옥에서 살해되기도 전에 죽었다. 다음은 스테파노 7세(Stephanus Ⅶ, 재위 928~931)가 등극했다. 스테파노 7세는 마로치아에게 늘 황송해 했다. 그러나 그녀는 교황 스테파노 7세도 몰아냈다. 다른 교황을 등극시키기 위함이었다. 다음 교황은 바로 그녀의 아들이었다. 그가 바로 요한 11세(Joannes ⅩⅠ, 재위 931~935)이다. 마로치아의 아들은 그녀와 교황 세르지오 3세와의 사이에서 태어났다. 아이를 낳을 당시 교황 세르지오 3세는 45세였고, 마로치아는 15세였다.

세르지오 3세는 어떤 사람인가. 그의 등극 연도가 904년이니 위의 교황들보다 한참 전의 인물임을 알 수 있다. 세르지오 3세는 죽은 교황의 무덤을 다시 파서 재판에 회부했던 교황 스테파노 6세의 추종자였다. 그는 교황 스테파노 6세를 위한답시고 죽은 교황 포르모소의 머리를 잘랐을 뿐만 아니라 선서 때 사용했던 손가락도 자른 인물이다.

신학 교육을 받지 않은 귀족 가문 자제가 성직을 차지해

로마를 주무르던 이 여인의 아들이 드디어 교황자리를 차지했다. 겨우 23세의 나이였다. 아들은 교황이었을지라도 막강한 어머니의 손아귀에서 벗어나지 못했다. 그녀는 세 번째 결혼을 하였다. 이 결혼은 교회법에 어긋났지만 아들 교황이 나서서 주례를 맡았다. 헤르만 교수는 '그녀는 어느 날 아들 교황이 씌어준 왕관을 쓰고 여왕이 될지도 모른다는 꿈을 꾸었을 것이다'라고 언급했다. 매사에 공격적이고 뻔뻔했던 그녀는 만약의 경우를 대비해 반대파들을 쉽게 몰아낼 수 있도록 비상안전 울타리를 치고 살았다. 주로 전쟁에 참여한 경험이 있는 주교들이 이 일을 맡았다.

이 두 사람을 특별히 꼴사나워하던 이가 있다. 마로치아의 둘째 아들이자 요한 11세의 이복동생이었던 알베리쿠스 2세(905~954)이다. 이 아들은 자기 어머니를 공식적인 자리에서 '매춘부'라고 부를 정도로 비판적이었다. 전 로마를 통치하면서 막강한 힘을 자랑하던 알베리쿠스 2세는 교황 요한 11세를 감옥에 가두었다. 그러고는 교황인 이복동생을 마치 노예 다루듯 했다. 어머니와 아들은 결국 살해당했다.

여기서 우리는 두 가지 사실을 알 수 있다. 첫째는 여자가 남성 교황직에 도전했다는 사실이다. 교회는 사실이 아니라고 부인하지만 학자들은 이런 연구를 끊임없이 내놓고 있다. 두 번째는 위에 죽 열거한 비도덕적인 인물들이 교회에서 합법적인 교황으로 인정받았다는 사실이다.

알베리쿠스 2세는 그 뒤 몇 명의 교황을 더 임명했다. 그의 영향력으로 다음 교황이 차례로 등장했다. 레오 7세(Leo Ⅶ, 재위 936~939), 스테파노 8세(Stephanus Ⅷ, 재위 939~942), 마리노 2세(Marinus Ⅱ, 재위 942~946), 아가피토 2세(Agapetus Ⅱ, 재위 946~955)이다. 지면관계로 이들은 일단 생략하기로 하자. 뒤를 이어 누가 교황 자리에 올랐을까? 겨우 16세의 청년이었다. 그가 젊은 나이에 교황에 등극할 수 있었던 것은 아버지 덕분이었다. 알베리쿠스 2세는 그가 죽은 뒤 자기 아들을 교황에 앉히라고 로마의 귀족들에게 유언을 남겼다. 유언에 따라 로마의 귀족들은 그의 아들을 교황에 등극시켰다. 현직 교황이 살아 있는데 이런 유언을 하는 것은 금기에 속한다. 하지만 막강한 힘을 지녔던 알베리쿠스에게는 이런 것이 통하지 않았다. 이 사람이 교황 요한 12세(Joannes Ⅻ, 재위 955~964)이다.

이 젊은 청년도 기이한 사람이어서 교회사에 자주 오르내리는 인물이다. 그는 로마에 성지순례 온 여자, 결혼한 여자, 과부, 소녀 들을 건드렸다. 로마에 있는 아름다운 여자에게는 모두 눈독을 들

부패한 수도자들을 풍자한 그림

인 남자였다. 그래서인지 헤르만 교수는 그를 서슴없이 '바람둥이 Playboy'라고 표현하고 있다. 동시대인이었던 리우트프란드와 베네딕토 소락테가 밝힌 바에 의하면 그는 늘 매춘부들에게 둘러싸여 있었다고 전해진다. 그는 시민을 위해 써야 할 많은 재정을 군인을 고용하는데 사용하면서 엄청난 재산을 탕진했다. 교회를 거부하는 분위기가 온 로마에 팽배하게 된 것은 당연한 일이었다. 많은 이들이 교회의 부패상을 보고 분노하고 멸시하기 시작했다. 그는 그 시대 다른 교황에 비해 오랜 기간인 10년 간 교황 자리에 앉아 부정부패를 일삼았다. 대체로 2년 정도 교황 자리에 있을 수 있었던 그 시대에 10년은 상당히 긴 기간이었다. 그런 그도 갑자기 죽었다. 그 당시의 경건한 신앙인들은 "마귀가 그를 데려갔다"며 기뻐했다. 사인도 비참했다. 결혼한 여자를 강간했다가 이 여자의 남편한테 얻어맞은 뒤 후유증으로 죽었기 때문이다.

그 이후 오토 황제는 제발 다음 교황은 경건한 이를 앉혀달라고 간곡히 부탁했다. 그러나 적당한 사람이 없었다. 어쨌든 레오 8세 (Leo VIII, 재위 963~965)가 등장했다. 다행히 이 사람은 경건한 그리스도교 신자였다. 문제는 그가 신품을 받은 정식 수도자가 아니라는 점이었다. 그러자 바티칸은 그 대책을 찾았다. 일사천리로 그에게 신품을 주기로 했다. 보통 카톨릭에서 신품을 받는 데는 수년이 걸리는데 이틀 만에 해결했다. 오늘날 교회사에서는 레오 8세가 진짜 교황이라고 말하고 있지만 사학자들은 그의 선출에 아직도 의구심을 갖고 있다.

이런 부적격자들이 교회의 수장이 된 이유는 무엇일까? 16세기 전까지는 수도자를 체계적으로 가르치는 교육 체계가 없었던 것이 큰 이유였다. 그러다 보니 힘 있고 영향력 있는 가문의 인사들이 교회로 몰려와 자리를 차지하게 된 것이다. 어쨌든 20세기 교황의 모습과는 너무나 다르게, 당시의 교황은 지나치게 비윤리적이고 타락의 길을 걸었음이 분명하다. 교황의 본분을 망각하고 전혀 다른 길을 걸었던 이들을 비유적으로 말한다면 앞에서도 언급하였듯이 '하얀 양떼들 속의 검은 목자'라는 표현이 적절할 것이다.

교황권은 세속의 왕권이나 다름없다고 생각

반대로 자리를 스스로 박차고 나간 이도 있었다. 필리프라는 한 수도사는 교황으로 당선되었지만 다음날 교황직을 벗어던지고 수도원으로 들어갔다. 768년 7월 31일에 일어난 일이다. 또 다른 사람은 피에트로 안젤라이다. 그는 1286년 수도원의 원장직을 그만두고 깊은 곳으로 들어가 은수자로 살았는데 사람들이 밖으로 불러내어 1294년 그를 교황으로 발탁했다. 잠시 자리에 앉았지만 곧 그 자리를 '스스로' 박차고 나갔다. 그후 자연으로 다시 돌아가 일생을 명상하면서 은수자로 살았다. 어떤 연유인지는 모르지만 844년에는 딱 한 시간만 교황으로 재직한 이도 있었는데 그의 이름은 요한이다.

앞서 몇 차례 언급한 리우트프란드(920~972)는 교황은 아니었다. 크레모나의 주교이자 사학자였던 그는 888~950년의 타락한 교황의 자료를 후세에 남겼다. 곧고 바른 정신을 가졌던 그는 교회를 가차없이 비판한 선비 같은 존재였다. 그 당시 교황권이 이렇게 타락하자 991년 아눌프 주교도 가차없이 비판을 가했고, 페터 다미안

(1007~1072) 역시 당시 수도자의 타락한 모습을 한탄하면서 책으로 남겼다. 사실 이 책은 불에 태우기 전에 운좋게 살아남은 것이다. 이런 자료들이 남아 있기에 그 당시를 우리가 지금 엿볼 수 있는 것이다.

성서에도 '누구 죄 없는 자가 나서서 이 여인을 쳐라'라는 그리스도의 말씀이 있다. 종교인을 위대한 눈높이로 측정하면 실망하기 쉽다. 그들도 우리와 똑 같이 먹고 자고 배설해야만 생명 유지가 되는 인간이다. 다만 이름에 걸맞는 자리에 앉은 사람은 반드시 그 이름에 맞는 향기를 풍겨야 하고, 주어진 역할에서 풍겨 나오는 윤리와 책임을 진지하게 생각해야 할 것이다

글머리에 교회사가이자 대주교인 존 폴리를 언급했는데, 이런 교황들의 이야기를 읽은 뒤 경건한 카톨릭 신도들이 흥분할 여지를 대비해 미리 밝히고 싶다. 이 글은 유럽의 사학자들이나 신학자들이 평생을 바쳐 연구한 연구물이라는 사실이다. 그리고 마지막으로 신앙과 교회사는 분리된 별개의 것으로 간주하면 좋겠다는 개인적인 견해를 덧붙이고 싶다.

'바르톨로메오의 밤'에 무슨 일이 일어났는가

신구교도 간의 결혼을 통해 평화를 이루어보자는
좋은 의도에서 그날 밤이 시작되었다.
그러나 이것은 신교도를 몰살하기 위한 하나의 함정이었다.

프랑스에서는 카톨릭의 부패에 실망한 이들이 1520년과 1523년에 종교개혁 운동을 일으켰다. 이들을 위그노(Huguenot, 독일어로는 Hugenotten)라고 한다. 위그노는 구교에서 갈라져 나온 그리스도교 종파이다. 종파라고 하면 부정적으로 보는 경향이 있지만 사실은 그렇지 않다. 종파에는 긍정적인 것과 부정적인 것, 두 갈래의 요소가 있다. 제네바에서 시작한 칼빈주의가 16세기 중반에 점점 세력을 확장했을 때, 프랑스에서도 귀족을 포함한 많은 신교 추종자들이 생겼다. 이들을 일컬어 위그노 또는 위그노 신교도라 한다.

이렇게 생긴 신교도는 동등한 권리 쟁취를 위해 프랑스에서 구교도와 끊임없이 싸웠다. 이 때문에 1562~1598년에 프랑스에서는 동족끼리 8번의 종교전쟁을 치렀다. 이때 신교도는 영국과 독일의 지지를, 구교도는 스페인의 지지를 받았다. 여러 번의 전쟁 끝에 정치적인 영역에도 점차 위그노 신교도의 참여가 늘었고 공무원으로 등용되기도 했다.

여기에 빠질 수 없는 이야기가 있는데, 소위 말하는 1572년 8월 24일 프랑스 파리에서 일어난 '바르톨로메오의 밤'이다. 프랑스 파리의 밤에 일어난 일이니 낭만적인 것을 연상할지도 모르지만 성인 '바르톨로메오'의 축일인 그날 밤, 파리는 삶과 죽음이 뒤엉켜서 아수라장이 되었다. 그날은 구교를 믿는 발루아 왕가의 딸 마르그리트와 신교를 신봉하는 부르봉 왕가의 신랑 앙리 4세가 결혼하는 날이었다. 혼인을 통해서 신구교도 간의 평화를 이루어보자는 결혼식장에서 신교도 대학살이 일어났다. 이날 결혼식에 초대되었던 3000명의 위그노가 몰살당했다. 이 일을 계기로 프랑스 전역에서는 신구교

난장판이 벌어진 바르톨로메오 축일, 파리의 밤

도의 갈등이 다시 번져갔다. 유사한 폭동과 종교전쟁으로 프랑스에서는 약 10만 명의 사람이 죽었다. 결혼을 통해 서로 화합을 지향하고자 했던 의미는 물거품이 되었고 신구교도 사이의 전쟁은 가열되었다. 역사학자들은 이 '바르톨로메오의 밤'으로 인해서 종교전쟁은 8번도 모자라서 9번이 되었다고 주장한다. 신교도들을 말살하기 위해 이 피의 밤을 은밀하게 꾸민 사람은 바로 앙리 2세의 과부인 구교도 여왕 카트린 드 메디시스이다(그녀의 이야기는 뒤에 더 자세하게 언급한다).

그후 새로 등극한 프랑스의 왕 앙리 4세가 1598년에 낭트칙령을 제정하여 위그노의 종교적 자유를 보장했지만 유감스럽게도 앙리 4세는 일찍 죽었다. 뒤이어 루이 13세가 등장했는데 그는 리슐리외 추기경과 함께 위그노를 없애기 위해 종교전쟁을 다시 일으켰다. 그 결과 위그노 신교도는 1628년부터 종교적인 자유만 가질 수 있었고, 정치적인 권리는 빼앗겼다.

프랑스 문화를 세계 각국에 전파한 위그노 문화 전령사

다음 왕인 루이 14세가 정권을 잡자, 신교도들은 그나마 누렸던 종교의 자유마저 잃었다. 종교의 자유를 보장했던 낭트칙령마저 1685년에 무효화 되었다. 위그노에 대한 핍박은 더욱 심해졌고, 다시 구교도들의 천국이 되었다. 그들은 신교도의 가정사까지 간섭하는 건 예사였고, 개종하라고 으름장을 놓았다. 위그노 교회를 없애고 집회까지 금지시켰다. 그리고 마지막 명령이 떨어졌다. 구교로 돌아오기 싫다면 무조건 프랑스를 떠나라는 것이었다. 프랑스에 머물던 신교도들은 두 가지 선택을 해야 했다. 다시 구교로 돌아가거나 계속 대항하거나 둘 중 하나를 선택해야 했다. 사실 구교로 다시 돌아간 이들도 대개는 겉으로 구교인 척했을 뿐이다. 속마음은 그대로 위그노여서 이들은 비밀 예배를 올리다가 적발되기도 했다. 몇백 명이 감옥에 붙잡히고 사형을 당했다. 그중 유명한 인물이 마리 두란트(1711~1776)이다. 이들은 프랑스 혁명 후에야 비로소 종교의 자유를 보장받았다. 이런 인정을 받기까지 이들은 종교전쟁과 탄압 속에서 수없이 많은 피를 흘렸다.

종교의 자유를 찾아 다른 나라로 떠난 신교도는 어떻게 되었을까? 당시 20만 명이 넘는 위그노가 영국, 독일, 네덜란드, 스위스 심

프리드리히 빌헬름 대제후가 프랑스에서 도망쳐나온 위그노 신교도를 받아들이고 있다

지어 북아메리카까지 종교의 자유를 찾아 떠났다. 그들 중에는 수공업자, 상인, 군인, 귀족이 포함되어 있었다. 오늘날 독일에서 이에 관한 연구로 독일 문학사를 장식했던 인물로는 작가 테오도로 폰타네와 학자 훔볼트 등이 있다. 학자들은 그 당시 위그노 신교도가 정착한 곳마다 '프랑스의 정신과 문화를 퍼뜨렸다'고 말한다. 그들이 피난하면서 가지고 온 금이나 고가품도 시장에 나왔다. 이런 물건은 당시 흥밋거리였고, 경제적으로 관심 분야가 되었다. 신교도 피난민을 받아들였던 나라는 결과적으로 프랑스의 고급문화를 수입할수 있었다. 당시 유럽 대부분의 나라에서는 프랑스의 수준 높은 문화를 선망하고 있었다. 단순히 종교의 자유를 찾아 떠났던 신교도였지만 거시적 안목으로 보면 사방에 프랑스 문화를 이식한 문화전령사 역할을 한 것이다.

1685년 4만 5000명의 위그노가 독일로 이주했다. 3000~4000명이 그룹을 지어 각 지방으로 흩어졌다. 1700년에는 베를린 시민의 3분의 1이 신교도일 정도로 그 수가 불어났다. 지금 독일에 10~11대째 살고 있는 위그노 후손들은 아직도 위그노 마을과 교회를 중심으로 살고 있다. 그들은 역사, 정신사, 신학을 연구하고 조상이 심어준 정신을 대물림하는 것을 게을리하지 않고 있다.

정치적인 권모술수가 끼면 피비린내가 날 수밖에 없다. 그것이 역사이다. 정치와 종교의 관계는 그때도 바늘과 실의 관계였다. 위그노는 당시 부패했던 카톨릭에 염증을 내고 경건한 그리스도교의 정신으로 돌아가고자 했던 이들이었다. 위그노 신교도는 당시 군림했던 군주의 정책에 따라서 숨을 쉬거나 숨을 죽일 수밖에 없었다. 신은 '신교'라는 이름으로도 '구교'라는 이름으로도 분명 휘둘리지 않을 것이며 신은 구교 방식으로 섬김을 받든, 신교 방식으로 섬김을 받든 어떠한 상관도 하지 않을 것이다. 신의 고유성은 불변일 터인데 왜 인간들은 서로 다른 잣대를 만들어 구교 또는 신교라고 이름 붙이고 피 터지게 싸우는 것인가. 피비린내 나는 파리의 '바르톨로메오의 밤'에도 신은 파리를 굽어보고 있었을지도 모른다. 신구교도 간의 전쟁을 보고 혀를 차면서 울었을 지도 모른다. 신은 소리를 낼 수 없었기에 사람들에게는 더욱 침묵으로 들렸을 것이다.

성녀와 마녀를 나누는 이중잣대

환시를 체험한 특별한 여인이 나타났을 때 같은 상황을 두고
교회가 어떻게 해석하느냐에 따라서 그녀는
성녀로 인정받기도 하고 마녀로 내몰리기도 했다.

역사의 소용돌이가 한바탕 휘젓고 지나간 자리에는 몇 개의 빠질 수 없는 고정적인 단어가 남기 마련이다. 바로 '마녀'와 '마녀사냥'이다. 당시 교회는 교리에 위배되는 악마적인 세력이 존재한다고 철석같이 믿었다. 교리에 조금만 어긋나는 발언을 해도 마녀로 몰아세웠다. 이웃과 싸우고 분이 안 풀리면 서로 마녀로 고발했다. 이들은 즉시 종교재판에 회부되었고 대개는 처량한 결말을 맞이했다. 마녀재판은 그리스도교 집안 출신 성인이나 성녀에게도 해당되었다. 최근 딘젤바허 교수는 이 부분을 집중적으로 연구했다. 이런 연구가 가능했던 것은 100년 전 신학의 큰 줄기로부터 갈라져 나온 종교학이 한몫을 단단히 했다. 옛날에는 신학 체계에 묶여 이런 것을 함부로 발설하기 힘들었다. 그러나 신학적인 관점에서 벗어나 종교 현상학적인 관점에서 새 해석을 시도한 학자들 덕분에 연구가 활발히 이

루어지고 있다.

마녀가 다시 성녀로, 반대로 성녀가 다시 마녀로 어떻게 찍히고 죽었는지를 살펴보자. 중세기에는 종교적인 환시(幻視, Vision)인 신비체험에 빠지게 되면 그것을 '신의 현현(나타남)'으로 간주하고 존중했다. 신성하고 고상하고 성인다운 현상이라고 여기고 숭배했다. 신비한 환시를 체험한 사실이 알려지면 이들 주위에는 추종하는 사람이 모여들었고, 사람들에게는 지고한 존재로 공경받았다. 당시 사회적인 분위기도 신비체험자가 우후죽순 생겨나는 데 한몫을 했다. 오늘날 교회에서 방언 기도나 예언과 치유를 잘하는 사람들 주위에 신자들이 모여드는 것과 비슷한 현상이다.

당시 수많은 경건한 신앙인이 황홀경을 그리워했다. 그러나 환시를 체험한 특별한 여인이 나타났을 때 같은 상황을 두고도 반응이 다르게 나타났다. 교회가 어떻게 해석하느냐에 따라 그녀는 '성녀'도 되고 '마녀'도 되었다.

가짜 신비체험가들이 등장해 대중을 농락하기도

13세기 중엽, 매일 성당에서 기도하면서 경건한 생활을 했던 시빌라라는 여인이 있었다. 황홀경 속에서 환시체험을 한다는 그녀는 하늘에서 음식을 받아먹기 때문에 지상의 음식이 전혀 필요 없다고 했다. 이런 소문이 퍼지자 신분이 낮은 사람부터 높은 사람에 이르기까지 많은 사람이 방문해서 그녀의 신성을 우러러보며 존경했다. 근교에 있었던 도미니크 수도원에까지 그녀에 대한 칭송이 끊이지 않았다. 나중에는 그녀의 신앙을 본받자는 설교가 등장했고 지방의 주교들도 그녀를 방문했다. 그녀가 기거했던 곳을 경당으로 만들 속셈이었다. 그러면 많은 신자가 경당에 몰려들 것이고 헌금도 많이 모일 거라는 계산에서였다. 그렇지만 그녀의 생활은 오래 가지 못했다. 성서에 '감추어진 것은 드러난다'는 말이 있듯이 성녀의 행위는 얼마 뒤 들통 나고 말았다. 비밀스럽게 음식을 먹고 있던 그녀를 누군가가 문틈으로 엿보았던 것이다. 그녀를 무조건 흠모했던 신자들은 입장이 난처해졌다. 특히 그녀를 추앙했던 주교는 너무나 부끄러웠던 나머지 그녀를 즉시 감옥에 넣어 죽였다. 그녀의 신성은 여기서 막을 내리게 되었다.

또 다른 예는 뮌헨 근교의 아우구스부르크에 살았던 안나 라미니트라는 여인이다. 그녀 역시 황홀경의 현시 중 천사를 만났다고 했다. 그녀 역시 시빌라처럼 음식을 먹지 않고 살았다. 그녀가 유일하게 먹는 것은 성당에서 받아먹는 얇디얇은 빵(영성체)뿐이었다. 그녀에게 병을 고치는 능력이 있다는 소문이 번지면서 많은 사람이 몰려들었다. 그녀의 치유능력과 거룩한 현시체험을 흠모한 수도자와 귀족이 열광적으로 그녀를 방문했다. 그러나 세상에는 그녀에게 푹 빠진 이들만 있었던 것은 아니다. 그녀를 의심하고 있던 뮌헨의 한 공작부인이 그녀를 테스트할 요량으로 집으로 초대했다.

몇 번 거절하다가 초대에 응한 안나는 그 귀족의 집에서 결국 거짓이 탄로 났다. 공작부인은 빈틈없이 테스트를 준비했다. 14명의 수녀를 동원하였는가 하면, 그녀 모르게 작은 찻숟가락으로 문틈을 일부러 벌려 놓았던 것이다. 음식을 먹는지 안 먹는지를 관찰하기 위해서였다. 주위에 있던 사람이 떠나자 그녀는 몰래 음식을 먹기

마녀나 마귀로 몰려 처참하게 죽임을 당하는 모습

시작했다. 침대 밑에 음식을 미리 숨겨 두었던 것이다. 공작부인이 열어 놓은 작은 문틈으로 사람들이 자신을 보고 있는 줄은 꿈에도 몰랐다. 그녀는 순식간에 거룩한 성녀 신분에서 추악한 악녀로 추락했다. 거짓행위가 발각되지 않았더라면 지금도 교회는 그녀들을 성녀로 추앙했을 것이다. 눈속임이 들키고 안 들키고에 따라서 환시 경험자들은 지옥과 천국을 왔다갔다 했다.

반대의 경우를 보자. 도로테아(1347~1394)는 14세기 중엽 농부의 딸로 태어났다. 결혼하여 9명의 아이를 낳았으나 딸 1명만 살아남고 8명을 전염병으로 잃었다. 그후 그녀는 작은 오두막에 머물며 경건한 신앙생활을 하였다.

신앙생활이 무르익자 신비적인 체험을 하게 되었다. 그녀가 한번 황홀한 신비체험에 빠지면 때로는 몇 시간이 걸렸다. 그녀의 환시가 소문나자 교회는 진상조사에 나섰다. 그리고 환시가 그리스도교 믿음에 위배된다고 판결한 교회는 그녀를 이단 내지 마녀로 규정했다. 왜 그렇게 쉽게 마녀로 규정한 것일까? 시빌라나 안나의 경우와는 다른데도 말이다. 교회의 수장들은 거침없이 그녀를 비난했다. 사람들을 미혹하는 생활을 멈추지 않으면 당장 화형에 처하겠노라 으름장을 놓았다. 그녀의 죄목은 너무 '장시간' 신비체험에 빠졌다는 것이었다. 그런데 그녀가 죽고난 후 평가가 달라졌다. 시간이 갈수록 그녀에 대한 해석이 달라지더니 마녀로 죽었던 도로테아는 카톨릭 성녀 품에 올랐다. 성녀와 마녀를 가르는 기준이 무엇인지 모호하기 짝이 없는 일이다.

성녀냐 마녀냐 이는 교회 수장의 판단 차이일 뿐

브리지타 폰 슈베덴(1303~1373)이라는 여인이 있었다. 왕족과 친인척이며 귀족과 결혼한 귀부인이었다. 어릴 때부터 수도원에서 살기를 갈망했고, 소녀시절부터 자주 '성모가 나타나는 환시'와 '가시관을 쓴 예수가 나타나는 환시'를 체험했다. 18세에 결혼한 그녀는 35세가 될 때까지 8명의 아들딸을 낳고 살았다. 그렇지만 영적인 삶을 여전히 갈구했던 그녀는 결혼생활 중에도 신앙의 끈을 놓지 않았다. 그녀의 환시 체험은 서서히 주위에 알려지기 시작했다. 이 사실을 들은 교회는 탄복은커녕 빈정거렸다. "신이 현현할 곳이 그리 많단 말인가. 많은 신부와 교회의 수장들이 있는데, 무엇 때문에 엉뚱한 여인에게 신이 현현한단 말인가? 그것도 결혼하여 애까지 낳은 여자에게 나타날 리가 없다."

교회에서 인정받지 못하자, 사람들은 거리를 지나가는 그녀에게 더러운 구정물을 쏟았다. 결국 그녀도 마녀로 찍혀 죽임을 당했다. 그런데 브리지타 역시 죽고 난 후, 해석이 완전히 달라져서 결국 성녀(스웨덴의 성녀 브리지타)의 품으로 올려졌다.

같은 결과를 두고도 왜 이리 다른 판결을 내렸을까? 어떤 이는 성녀로 평가받고, 어떤 이는 마녀 내지는 사교邪敎로 해석된 이유는 무엇일까? 같은 현상이라도 교회의 승인이 있어야만 성인으로서의 존엄성을 인정받을 수 있다고 학자들은 이구동성으로 전하고 있다.

그렇다면 과연 '교회의 승인'이 무엇일까? 누가 승인을 하는 걸까? 결국 '판가름 하는 자의 성향'이 중요한 것이다. 권력을 쥐고 있는 교회 수장의 사고 유형에 따라 이것이냐 저것이냐 양자택일이 이

성녀와 마녀를 구분하는 기준은 매우 모호해서 언제든 성녀가 마녀가 되고,
마녀가 성녀가 될 수 있었다

루어진 것이다. 만약에 그 판단자가 평소에 신비체험 쪽에 많은 관심을 가지고 있었다면, 종교적인 신비체험을 당연한 것으로 인정했을 것이고 그렇지 않은 경우 정반대의 판단을 내렸을 것이다. 결국 판단자의 의식구조와 의식유형에 따라 상황이 바뀔 수 있는 것이다.

교회에서 가장 추앙받는 신비가요 성녀인 아빌라의 테레사도 1575년에 종교재판에 회부된 적이 있다. 수도원 창설자요 신비가인 십자가의 성 요한이나 성 이그냐티우스도 종교재판을 받았다. 그들 역시 당시에는 불합리한 대접을 받고 세상을 떠났지만 지금은 교회 안에서 존경받는 성인으로 추앙받는다.

만약 그들 사후에 새로운 해석을 내리지 않았더라면 악녀로 처형되었던 여자는 영원히 악녀로 교회에서 배척받았을 것이다. 또 만약에 당시의 그녀들이 비밀을 들키지 않고 그 상황을 잘 모면했다면 영원히 성녀로 머물렀을 것이고 지금까지도 추앙받고 있을지도 모른다.

눈물, 바늘, 물, 불, 중세의 마녀 시험법

낮은 신분의 며느리를 못마땅해 했던 시아버지는 아그네스를 마녀로 몰았다.
그녀는 손발이 꽁꽁 묶인 채 강물에 던져졌다.
그녀가 물속에서 허우적거리자 사람들은 작대기로 그녀를 밀어버렸다.

1435년, 오른손은 왼쪽 발에, 왼손은 오른쪽 발에 꽁꽁 묶인 한 여인이 도나우 강에 던져졌다. 마녀라는 죄목으로 비참한 최후를 맞은 이 여인의 이름은 아그네스(1410~1435)이다. 그녀는 목욕탕집 딸로 태어났다. 당시 목욕탕은 목욕만 하는 곳이 아니었다. 머리와 수염을 깎고, 아픈 이들은 사혈을 받고, 탕 속에서 음식과 술을 즐기면서 거나하게 취해 향연을 벌이던 곳이다.

아그네스는 목욕탕에서 아버지를 도우면서 지냈다. 외모가 눈부시게 아름다웠다는 것 외에 그녀에 관해 구체적으로 알려진 것은 없다. 신분의 벽이 높았던 그때, 그녀는 뮌헨의 공작 아들인 27세의 알브레히트를 목욕탕에서 알게 된 후 사랑에 빠졌다. 알브레히트와 그녀는 주위의 반대를 무릅쓰고 결혼했지만 두 사람의 신분 차이 때문에 축복 받은 결혼은 아니었다. 특히 시아버지인 에른스트 공작은 며느리를 못마땅하게 여겼다. 그는 밤낮 '이 신분 낮은 며느리를 어떻게 쫓아낼 수 있을까' 궁리했다. 그러다가 드디어 묘안을 짜냈다. 수세기 동안 유럽을 공포의 도가니로 몰아넣었던 마녀재판에 그녀를 회부하기로 한 것이다.

중세에는 교회의 가르침을 따르지 않는다고 단죄받은 여자들을 마녀로 몰았다. 그녀들은 마귀와 소통하는 존재들이고 그리스도교의 신을 모독하는 죄인으로 간주했다.

물론 마녀사냥에 얽힌 당시 여러 가지 사회적인 배경도 무시하지 못한다. 당시의 마녀는 배경 없이 갑자기 툭 튀어나온 것이 아니다. 마녀의 유래를 거슬러 올라가면 유럽의 토속종교가 그 속에 꿈틀거리고 있음을 알 수 있다. 그리스도교가 유럽에 들어오기 전 유럽에는 토속종교가 있었다. '비카' 같은 종교가 그런 예이다(비카는 자연종교이자 신비 종교이며 '마녀의 종교'로 알려져 있다. 이 종교에서는 달의 움직임에 따라 제례를 진행하며 자연을 '신'으로 숭배한다. 자연이 인간의 몸과 영혼에 신적인 근원을 제공하기 때문이라는 주장이다). 그런 토속종교는 소멸되지 않고 끈끈한 힘으로 사람들 사이에 살아 있었던 것으로 전해진다.

토속종교는 당연히 그리스도교 교리와 충돌했다. 그리스도교 수장들은 무조건 자기들 교리에 어긋나는 행동과 말을 하면 마녀로 몰아붙여 무자비한 탄압에 들어갔다. 학자마다 약간씩 다르지만, 몇백 년간 지속된 가혹한 마녀사냥으로 전 유럽에서 5만~6만 명이 희생되었다고 한다. 여기서 주목해야 할 것이 있다. 처음에는 종교적인 숙청으로 시작한 마녀사냥이 나중에는 전혀 다른 양상으로 변질되었다는 사실이다. 가족, 친척, 이웃끼리 조금만 화가 나도 서로 상대를 고발하는 무기로 마녀사냥을 이용했다.

이런 현상은 시기, 질투, 원한 등의 감정이 서로 얽혀 있던 여성들 사이에서 먼저 출발했다. 시간이 지나면서 그 양상은 점점 확산되었고 급기야 공무원, 귀족, 사제, 법정인, 시장상인에게 확산되었다. 심지어 어린이 사이에도 번져서 사소한 일로도 서로 마녀라고 고발하는 이상한 풍조가 유행했다.

종교적 이유든 개인적 감정이든 간에 마녀사냥에 한번 걸려들면 대부분 처참한 최후를 맞이했다. "우리 옆집 여자가 밤에 빗자루를 타고 하늘을 날았다"라고 고발하는 경우도 있었다. 한 마을에서 이상한 징조가 나타나면 어김없이 누군가 마녀로 몰려 처형당했다. 아이가 갑자기 아프거나, 소가 갑자기 죽거나, 헛간이 불에 타면 그 마을에서 의심의 대상이 되는 사람이 마녀로 몰렸다. 흉년이 들거나 날씨가 고약하게 나빠도 마녀의 짓으로 규정했다. 자주 교회를 찾거나, 반대로 너무 뜸하게 교회를 찾는 것도 마녀로 찍히는 빌미가 되었다. 이미 마녀로 찍힌 집의 친척도 고발의 대상이 되었다. 이상한 옷차림을 해도, 이상한 반점이 몸에 생겨도, 너무 아름다운 여인도 쉽게 마녀로 고발당했다. 이런 분위기이다 보니 사회는 늘 음산했고 살벌했다.

관청에서 마녀인지 아닌지 테스트 하는 방법은 여러 가지가 있었다. 눈물 시험, 바늘 시험, 불 시험, 물 시험 등이 그것이다. 몸에 있는 사마귀나 반점 같은 것을 바늘로 찔렀을 때 아프다는 소리를 내지 않으면 마녀로 간주했다. 고문 받으면서 눈물을 덜 흘릴 경우도 마녀로 찍혔다. 그 외에도 주기도문을 줄줄 외우지 못하거나, 혐의를 받은 자가 말을 더듬어도 마녀로 몰렸다.

물에 떠도 가라앉아도 어차피 죽음은 피할 수 없었다

물 시험은 일종의 신의 심판으로 알려져 있다. 마녀 혐의자를 꽁꽁 묶어 물에 넣고는 세 차례 시험을 한다. 이때 몸이 물에 둥둥 뜨면 영락없이 마녀로 몰았다. 마귀가 마녀를 물에 가라앉지 못하게 도왔다는 것이다. 마녀는 빗자루를 타고 하늘을 날 수 있을 정도로 몸이 가벼우니 물에 가라앉지 않을 거라는 논리를 들먹이기도 했다. 더욱 어이없는 것은 물은 예부터 깨끗한 속성을 지니고 있으므로 이런 추악한 마녀를 물 밖으로 밀어낸다는 해석이다. 물 위로 떠오르는 사람은 어김없이 화형에 처했다. 만약 반대로 시험대상이 물에 가라앉는다면 어떻게 했을까? 사람은 물에 빠지면 무게 때문에 당연히 물 속으로 가라앉는 법이다. 결국 물에 떠오르건 가라앉건 죽음을 피할 수 없다는 이야기이다.

당시 이런 시험은 심각한 판정 기준이었지만, 오늘날의 눈으로 보면 코미디의 소재일 뿐이다. 하지만 중세인들은 그들만의 교리에 충실하면서 보이지 않는 신에게 충성을 다했다. 그 신에게 충성을 바치기 위해서 살아있는 생명을 쉽게 죽였다. 더 어처구니없는 것은 이런 시험에 당시 의사도 동조했다는 것이다. 의사들은 이상한 논증을 갖다대면서 이 시험이 얼마나 정당한지 증명했고, 마녀라는 고발이 들어오면 이런 어이없는 기준을 가지고 재판을 시작했다. 뷔르츠부르크에서는 18세 이하의 나이 어린 소녀와 눈먼 소녀, 9세의 소녀를 포

마녀는 빗자루를 타고 하늘을 날 정도로 몸이 가벼워서 물에 빠지면 뜬다고 믿었다.
중세에는 이처럼 마녀를 가리기 위한 각종 비과학적인 시험법이 난무했다

함해 200명 이상을 마녀로 몰아 불에 태워죽이기도 했다.

독일에만 국한된 것은 아니었다. 프랑스, 스위스 등에서도 죄 없는 사람을 마녀로 몰아 죽인 기록이 방대하게 남아 있다. 도미니크 수도원은 이런 자료를 소장하고 있는 대표적인 곳이다.

다시 아그네스의 이야기로 돌아가 보자. 시아버지 에른스트 공작은 마녀재판이 도처에 성행하던 시대에 살았다. 신분 낮은 며느리를 마녀로 몰아 죽이기 위해 음모를 꾸미기에는 좋은 조건이었다. 거기에 든든한 권력까지 손에 쥐고 있지 않은가? 공작은 동생과 함께 며느리를 죽일 계획을 세웠다. 며느리가 혼자 있을 때를 만들기 위해, 아들을 동생과 함께 사냥을 떠나게 했다. 아들이 곁에 없는 시간을 이용해서 며느리를 고발하기 위해서했다.

그는 재판에서 억지 주장을 펼쳤다. 며느리가 마법을 걸기 때문에 자기 아들이 자주 우울해하고, 시아버지인 자기에게 독약을 먹이려다가 실패했다고 말했다. 또한 조카를 살해하려다 미수에 그쳤다는 이야기도 했다. 그는 이런 저런 가짜 진술과 권력이라는 밧줄로 며느리 아그네스를 꽁꽁 묶어 버렸다.

시아버지의 모함을 법정은 즉시 수용했다. 아그네스는 손과 발이 밧줄에 꽁꽁 묶인 채 1435년 10월 12일 강물에 던져졌다. 살려달라고 애원하면서 물 속에서 허우적거리는 아그네스를 사람들은 긴 작대기로 다시 물 속으로 밀어버렸다. 25세의 꽃다운 나이에 그녀는 제대로 피지도 못하고 물 속으로 가라앉았다. 사람을 죽인 것도 아니었고 도둑질을 한 것도 아니었다. 다만 낮은 신분 때문에 그녀는 마녀로 판정받고 강제로 이승을 떠난 것이다.

위는 마녀로 몰려 죽임을 당한 아그네스의 초상화, 아래는 알브레히트 뒤러의 마녀 그림

이 사실을 나중에 알게 된 알브레히트는 비통에 젖었다. 아그네스의 혼을 달래줄 방법을 간절하게 찾다가 한 수도원에서 '영원한 미사'를 올렸다. 아들의 영향 때문인지 아버지는 나중에 자신이 저지른 몹쓸 행위를 깊이 뉘우치고는 아들과 화해하는 뜻으로 며느리의 이름을 딴 '아그네스 경당'을 지었다.

　아그네스의 억울하고 비극적인 죽음이 전해져 오면서, 그녀를 동정한 후세 사람들이 그녀를 기념하는 축제를 열기 시작했다. 이 축제는 이제 독일의 전통적인 기념행사로 자리잡았다. 그 사이에 아그네스의 처절한 이야기를 테마로 한 문학작품 등이 쏟아져 나왔고, 그녀의 일생이 자주 연극으로 공연되고 있다.

루크레치아, 희대의 탕녀인가 성녀인가

당시에는 자식을 가진 교황이 비일비재했고 성직을 대물림하기도 했다.
1612년 이후에야 이런 풍조가 사라졌는데 당시에 재위했던
교황의 자식이 일찍 죽어버렸다는 어처구니 없는 이유에서였다.

교황의 딸이라니, 누가 들어도 터무니없고 의아한 소리라고 할 것이다. 그렇지만 15~16세기 유럽에서는 성직을 돈으로 사고파는 일이 허다했다. 그런 특수한 풍습에서 나온 이야기라는 것을 미리 밝혀두지만 단지 전설의 이야기만은 아니다. 역사학자 알로이스 울 그리고 문화역사학자 우베 노이마르는 이것을 사료로 증빙할 수 있기에 더 이상 터부시할 수 없는 이야기라고 잘라 말했다.

루크레치아는 스페인과 이탈리아 피를 가진 보르지아 가문 출신으로 1480년 4월 18일에 태어나 1519년 6월 24일에 사망했다. 그녀는 어머니 반노차 카타네이와 아버지 로드리고 보르지아 사이에서 셋째로 태어났다. 그녀의 아버지가 아직 추기경이었을 때 태어났고, 나중에 아버지 로드리고는 교황 알렉산데르 6세로 등극하였다.

그녀의 이야기를 하려면 바늘과 실의 관계처럼 떨어질 수 없는 사

루크레치아의 초상화

람이 아버지 교황과 오빠 체사레이다. 아버지는 딸을, 오빠는 동생을 성적으로 그리고 정치적인 목적으로 이용했기 때문이다.

교황 알렉산데르 6세는 1430년 이탈리아에서 태어났다. 1492년에 교황으로 선출되었고 그가 죽던 해인 1503년까지 재위했다. 그가 교황의 자리에 오르기까지 삼촌인 교황 갈리스토 3세(Calixtus Ⅲ, 재위 1455~1458)의 영향이 컸다. 삼촌 덕분에 높은 서열로 오를 수 있는 기틀을 마련하고 쉽게 출세가도를 달릴 수 있었다. 그가 어떻게 교황까지 되었는지는 모르지만, 추기경이었을 때도 그는 종교적인 경건함은 뒷전이고, 정치적인 권모술수에 능한 사람으로 정평이 나 있었다. 교회사 연구 전문가이자 역사학자인 울의 말을 빌리면, 당시 그리스도의 정신에 따라 가난을 실천했던 한 수도자가 길거리의 군중 앞에서 타락한 그리스도교를 '똥통'이라고 설교하며 다녔다고 한다. 그의 비방은 여기서 그치지 않고, 사악하고 더러운 냄새가 하늘나라까지 진동할 것이라고 말했다. 교황 알렉산데르 6세는 이 설교가를 붙잡아 1498년 목을 친 뒤 태워죽였다.

세속적인 권력과 정치적인 암투에 딸 루크레치아를 이용했던 교황은 재위기간 중 독살되었다. 지나치게 문란했던 이 교황에게 염증을 느끼던 사람들은 그가 죽자 무척 기뻐했다. 그의 영혼은 "반드시 악마가 데리고 갔을 것"이라며 입을 모았다.

아버지 교황과 추기경 오빠에게 이용당한 루크레치아

그의 아들인 체사레 보르지아(1475~1507)는 17세에 주교에 올랐고, 18세에 추기경으로 임명되었다. 그렇지만 그는 세속정치에 참여하고 싶다는 뜻을 밝히고 추기경 자리를 포기했다. 사실 이 시절은 세속 권력과 종교 권력 사이에 경계가 없던 시기이다. 그러함에도 용감하게 그런 자리를 박차고 나갈 수 있었던 체사레 보르지아는 비교적 자신의 양심에 솔직했던 인물이 아니었을까? 어쨌든 한 시대를 주름잡았던 그도 아버지가 죽자 힘이 약해져서 반대파였던 율리오 2세(Julius Ⅱ, 재위 1503~1513)에 의해 감옥에 투옥되었다가 결국 1504년 스페인으로 쫓겨났다.

역사학자 울은 최근 15~16세기의 기록을 가지고 『교황의 아이들 Papstkinder』이라는 책을 펴냈는데 당시에는 자식을 가진 교황이 비일비재했다는 것이다. 울에 의하면 1612년 이후 이런 풍조가 사라졌다고 했다. 그 이유도 특이하다. 당시에 재위했던 교황의 자식이 일찍 죽었기 때문이라는 것이다. 만약 교황의 자식이 죽지 않았다면 그 자리를 대물림을 할 수 있었단 말인가? 당시는 교황 자리를 스스로 차지한 후 "신이 우리에게 선물한 이 교황권을 즐기자"라는 말이 나올 정도였으니 그런 일도 자연스러웠을 것이다.

루크레치아는 1491년 11세 때 스페인의 귀족과 첫 약혼을 했다가 파혼했다. 정치적인 이해관계에서 시작했는데 1년 후 정치적인 이해관계가 끝나자 이 약혼도 무효가 된 것이다. 그녀는 1493년, 잘 나가는 집안인 스포르차 가문의 아들과 결혼했다. 이 결혼식은 바티칸에서 성대히 거행되었다. 그러나 얼마 후 교황은 딸을 이혼시켰다. 정치적인 상황이 변했기 때문에 힘이 없어진 사위가 교황 알렉산데르 6세에게는 더 이상 이용 가치가 없었던 것이다. 그런데 교황 체면에 쉽게 딸을 이혼시킬 수 있겠는가? 다른 납득할 만한 핑계를 만

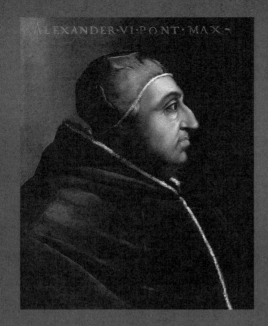

위는 루크레치아의 아버지 알렉산데르 6세,
아래는 오빠 체사레

들어야만 했다. 그는 루크레치아의 남편이 성불구자이기 때문에 이 결혼을 무효화한다는 말도 안 되는 이유를 갖다붙였다.

그때부터 루크레치아에 대한 이상한 소문이 떠돌았다. 소문은 스포르차 가문에서 나온 것이었다. 이혼 후 적대관계에 있던 이들은 상상할 수도 없는 불쾌한 사건을 의도적으로 퍼뜨렸다. 믿어야 할지 말아야 할지 모르는 기이한 말이었는데 그녀의 아버지와 오빠가 그녀와 근친상간을 했다는 소문이었다. 아직도 그 소문이 사실인지 아닌지 정확하게 입증되지는 않았다. 그렇지만 그녀에 대한 일화는 대체로 부정적인 것들이 많이 전해지고 있다.

시인, 예술가에게 무한한 영감을 제공한 그녀의 비극적인 삶

그녀의 다음 결혼 역시 왕의 조카와 정략적으로 이루어졌다. 그녀는 잠시 행복을 누렸지만 곧 남편이 죽고 말았다. 교황 알렉산데르 6세는 딸을 또 결혼시켰다. 이번 사위는 홀아비였지만 재물이 많고 자녀도 없다는 것이 그의 마음에 쏙 들었다. 그 사위가 페라라의 공작 알폰소이다. 이번에도 빠질 수 없는 교황의 저의는 재정적인 목적이었다. 1502년 2월 2일 결혼식이 호화롭게 거행되었다. 결혼 지참금은 30만 두카텐Dukaten과 옷, 은그릇 등이었다. 금, 진주, 다이아몬드, 루비 등 고급 보석도 빠뜨리지 않았다. 마르타 샤드 박사는 이 결혼식을 위해 26마리의 버새(수컷 말과 암컷 당나귀 사이에서 태어난 동물)에 옷을 실었고, 말을 탄 75명의 궁수, 80명의 트럼펫 부는 이와 24명의 피리 부는 이가 결혼식 행렬에 동원되었다고 했다.

루크레치아는 이 결혼에서 다소의 안정감을 찾았고 6명의 아들과 3명의 딸을 낳았는데 그 중 아들 셋과 딸 하나만 살아남았다. 그녀는 당대의 시인과 만나면서 높은 수준의 문화를 즐겼다. 당시 페에트로 벰보라는 시인은 그녀에게 특별한 연정을 품기도 했다. 특히 루크레치아의 그림에 대한 식견은 대단했다. 아버지의 권력에 힘입어 한 시대를 주름잡았던 그녀였지만 알렉산데르 6세가 죽자 그녀도 서서히 힘을 잃었다. 그녀는 은둔 생활을 하면서 종교에 깊이 빠졌다. 그러다 39세의 나이로 아이를 출산한 뒤 죽었다. 스스로 운명을 감지했던 것인지 그녀는 죽기 바로 전 교황 레오 10세에게 편지를 썼다. 그녀는 자기가 죄지은 여인이라며 그 죄를 사해달라고 고백했다. 아버지에게 이용당한 희생자로 생각할 수도 있지만 그녀 역시 아버지의 권력을 등에 업고 얼마나 사치스런 삶을 살았는지, 이탈리아와 프랑스에서 발견된 문서에 의하면 당시 그녀가 소유했던 수많은 재산이 바티칸으로 흘러들어 갔다는 기록이 남아 있다.

루크레치아의 초상화는 여러 점 남아 있다. 그녀의 머리카락은 매력적인 금색인데 당시는 금발이 아름다움에 대한 최상의 기준이었다. 그녀의 초상화를 들여다보고 한 사가가 그녀의 심리를 읽은 적이 있다. "죄를 지으면서 늘 고민했던 삶의 흔적이 그녀의 얼굴에 고스란히 박혀 있다"라고 그는 말했다. 그녀는 근친상간뿐만 아니라 살인까지 한 얼굴이라는 이야기도 덧붙였다. 어쨌든 사람들이 보르지아라는 이름을 떠올리면 바로 '마귀 가문'으로 간주하는 것도 이런 이유와 관련이 있을 것이다.

학문의 세계에서는 증빙이 되지 않으면 사실로 간주하지 않는다. 반면에 소설은 그야말로 소설인지라 그녀의 이야기는 많은 시인, 예술가에게 무한한 영감 제공을 했다. 그녀의 비극적인 삶을 저술한 대표적인 작가는 빅토르 위고(1802~1885)이다. 1858년 토리노에서, 1867년에 페라라에서, 1869년에 밀라노에서 그녀에 관한 소설이 출간되었다. 그 외에도 1833년부터 그녀에 관한 오페라가 작곡되었고 또 많은 시가 전해지고 있다. 그녀에 대한 영화는 1910년부터 2006년까지 8편 나왔고, 2008년 독일에서는 보르지아 교황 가문에 관한 〈디 보르지아스Die Borgias〉라는 DVD까지 나왔다. 그녀의 초상화는 지금도 프랑크푸르트의 쉬테델 미술관에 걸려 있다.

종교개혁가 마르틴 루터와 수녀 출신 아내 카타리나

종교개혁을 이끈 수도자 마르틴 루터가 수녀 출신 아내와 결혼한 일은
당시로서는 매우 충격적인 사건이었다. 오늘날 카타리나는
여성해방을 시도한 여인으로 긍정적인 평가를 받고 있다.

독일의 종교개혁가 루터의 부인 카타리나(1499~1552)는 남편만큼 잘 알려진 인물은 아니지만 여성해방을 시도한 여인으로 오늘날 크게 인정받고 있다. 그녀는 중세의 제도와 인습의 굴레를 과감히 뚫고 나온 대표적인 여인이다. 관습의 벽을 극복했던 카타리나의 삶을 들여다보기 전에 루터에 대해서 잠시 살펴본다.

마르틴 루터(1483~1546)는 1505년 어느 날, 벼락을 맞았지만 죽지 않고 용케 살아남았다. 이 일을 계기로 그는 수도자가 되려는 결심을 하고 수도원에 들어가 1507년 사제서품을 받았다. 그리고 1512년 비텐베르크 대학에서 신학박사 학위를 받았다.

그는 수도자로서 대학에서 강의하며 조용히 살려고 했다. 그렇지만 세상과 격리된 삶을 유지하기에는 외부에서 들려오는 소리가 너무나 시끄러웠다.

당시 중세 교회의 부패를 비탄하는 목소리는 극에 달했다. 교회는 부를 쌓는 데 혈안이 되어 있었을 뿐만 아니라, 성직까지 공공연하게 매매하였다. 성직에 친족을 등용시켰고, 민중에게 면죄부라는 것을 교묘하게 팔았다. 면죄부를 많이 사면 살수록 지은 죄가 탕감된다는 말도 안 되는 논리를 덧붙였다.

그 당시 누구의 귀에나 돌아다니던 말이 있다. "후손들이여! 돈통에 돈을 많이 넣으라! 많이 넣으면 넣을수록 '땡그랑' 하고 울리는 소리가 커지리라! 그 소리가 크면 클수록 연옥에 있던 조상 영혼이 빨리 천국으로 직행할 수 있다!"

이런 방법으로 조달한 자금 대부분을 교회는 로마의 베드로 성당을 짓는 데 사용하였다. 개인적으로 착복한 성직자도 많았다. 중세 교회에 대한 민중의 실망과 분노는 극에 달했다.

루터는 1517년 10월 31일 기성 종교에 대항하는 95개의 조항을 비텐베르크 교회 문에 붙였다. 이것이 종교개혁의 시발점이 되었다. 물론 종교개혁은 이런 실망감 때문에 하루아침에 일어난 것은 아니었다. 중세 말부터 잘못된 방향으로 가는 교회에 대해 민중의 비판과 염증이 지하수처럼 고여 있었고, 누군가 이것에 물꼬를 터서 돌파구를 만들면 좋겠다는 염원이 폭발 직전에 이르렀다. 이때 루터가 나서서 그 역할을 해준 것이다. 이런 혁신적인 생각과 행동은 목숨을 내놓은 일이었다. 잘못하면 화형에 처해질 수도 있었다. 개신교는 이렇게 시작하였다. 이렇게 출발한 독일의 신교는 성직자에게 결혼을 허용하였다.

카톨릭의 부패에 염증을 느낀 수도자들이 종교개혁을 위해 나섰지만
그들은 단지 '종교개혁'에 머물렀을 뿐이고 농민의 실상은 외면했다

사회개혁에는 관심이 없었던 루터

루터와 특별히 연관되는 것은 농민전쟁이다. 16세기 초 유럽에는 흉년이 들어 경작물의 수확이 형편없었다. 귀족들은 농민들의 처지를 무시하고 경작한 곡물을 더 빼앗으려고 쥐어짜고 수탈했다. 더이상 내놓을 것이 없었던 농민들은 쌓였던 분노와 억압을 폭발하고 말았다. 이것이 1524~1526년에 일어난 농민전쟁이다.

이 전쟁은 1524년 남부 독일에서 먼저 시작되었다. 농민들은 귀족에게 바치던 곡물을 거절했고, 결속된 단체를 만들어 봉건군주제도의 무효를 선언했으며, 모든 귀족들의 권력을 빼앗으려고 시도했다. 당시 힘없는 농민들이 농민전쟁을 일으킨 바탕에는 루터의 종교개혁이 있었다. 농민들은 당연히 루터가 이 전쟁을 도와주리라고 믿었다. 그러나 뚜껑을 열어보니 상황은 다르게 돌아갔다. 루터는 농민들의 주장에 전혀 귀 기울이지 않았다. 그는 사회변혁에는 별반 관심을 두지 않았다. 그의 개혁은 종교적 차원에 국한되었기 때문이다.

그가 왜 그래야만 했는지 여러 요인들이 있지만, 일단 두 가지만 짚어보자. 먼저 그는 종교개혁의 근원을 성서해석에 두었다. 루터를 추종하던 제자들은 성서에서 사회혁명의 근원을 찾자고 강력하게 주장했지만 그는 요지부동이었다. 루터는 정치와 성서를 연결하지 않겠다는 것을 전제로 개혁을 시작했다. 그러나 루터가 농민전쟁을 외면했던 더 큰 이유는 따로 있었다. 그는 처음부터 귀족의 힘을 업고 종교개혁을 시도했기 때문이다. 농민의 편을 들어줄 수 없는 입장이었다.

루터의 영향을 받아, 루터의 이름을 걸고 농민전쟁을 시작했던 약 10만 명의 농민들은 루터에게 버림받아 명분을 확산할 수 없었다. 그들은 결국 무력하고 비참하게 죽어갔다. 루터는 지나치게 이분법적 사고에 머물러서 권력층이 행한 수탈 때문에 농민들이 살기 어렵게 된 것을 간과하고 말았던 것이다.

루터와 결혼한 카타리나는 원래 수녀 신분이었다. 당시 귀족 출신의 여자는 수도원에 들어가서 일생을 보내는 경우가 많았는데 본인의 의사는 결코 아니었다. 부모가 딸을 수도원에 보내는 것은 관습이었다. 카타리나의 이름에 폰von이 붙은 걸 보면 그녀는 귀족 출신임이 틀림없다.

부모의 뜻에 따라 카타리나 역시 11세에 수도원에 들어갔다. 라이프치히 부근에 있는 엄한 수도원이었다. 그곳에는 40명의 수녀가 살고 있었는데 늘 침묵을 지켜야 했다. 바깥에서 방문객이 오면 원장 수녀의 입회하에 대담을 나누고, 대화도 창살로 된 창문을 통해서만 가능했다. 당시 관상 수도원은 대부분 이런 규칙을 지켰다.

카타리나는 어느 날 구교의 부패를 지적하는 루터의 저서를 읽고 큰 충격과 감화를 받았다. 그녀는 1523년 다른 동료 8명과 함께 비밀스럽게 수도원을 탈출했다. 목숨과 맞바꿀 만큼 위험한 일이었다. 만약 들키게 되면 죽음을 면치 못할 일이었다.

집으로 돌아갈 수 없었던 수녀들은 루터를 찾아가 도움을 청했다. 그는 주저 없이 그녀들을 받아들인 뒤 수도원에서 도망쳐 나온 이 여인들을 결혼시키는 중매쟁이로 나섰다. 그 당시 수도원을 탈출한 여인들은 결혼하지 않으면 살아갈 방도가 없었다. 그렇지 않으면 하녀가 되거나 매춘부가 되어야 할 상황이었다.

루터는 노력 끝에 수녀 7명의 결혼을 성사시켰다. 그런데 유독 카타리나만은 적당한 짝을 찾을 수 없었다. 그녀 역시 뉘른베르크의 귀족 바움가르텐이라는 남자와 결혼이 거의 성사될 뻔 했는데, 남자의 부모가 그녀를 며느리로 받아들이는 것을 거부했던 것이다. 그녀가 수도원에서 도망쳐 나왔기 때문에 지참금을 가지고 올 수 없다는 이유에서였다.

루터는 여러 번 다른 사람을 소개했으나 성사되지 못했다. 결국 카타리나는 루터에게 자신과 결혼하자고 먼저 제안을 하기에 이르

마르틴 루터와 부인 카타리나

렀다. 여성의 청혼은 당시 사회에서는 획기적인 일이었다. 루터에게 결혼을 먼저 제의한 카타리나는 관습과 제도를 두려워하지 않고 용기를 낸 자신감 넘치는 여자였고 해방을 스스로 실천한 여인이었다.

루터는 고민에 휩싸였다. 그의 입장에서 결혼은 쉽게 생각할 수 있는 것이 아니었다. 거대한 힘을 쥔 중세 종교에 목숨을 걸고 도전장을 내민 수도자가 만일 결혼까지 한다면 자칫 그가 의도했던 개혁이 조롱당할 수도 있었다. 한마디로 위기에 직면할지도 모르는 도박이었다. 얼마나 많은 눈이 그를 주시하고 있었겠는가?

그럼에도 그는 카타리나와 결혼하기로 마음먹었는데 이는 아버지의 충고 때문이었다고 전해진다. 루터의 아버지는 이미 페스트로 아들 둘을 잃은 뒤라 후손이 끊기는 것을 걱정하고 있었다. 그는 유일하게 남은 아들인 마르틴이 루터 가문을 이어주기를 간곡히 바랐다.

루터에게 먼저 청혼한 카타리나

루터를 염려한 친구들은 이 결혼을 결사적으로 반대했다. 그러나 반대를 뿌리치고 42세의 루터와 26세의 카타리나는 1525년 6월 13일 결혼했다. 이들의 결혼은 당시 가장 유명하고 존경받는 수도자와 수도원에서 도망 나온 수녀의 결혼으로 어마어마한 충격을 몰고 왔다. 중세교회를 뒤흔들면서 무모한 도전장을 내민 루터가 아니던가? 만약 당시 매스컴이 오늘날처럼 발달했다면 루터와 카타리나의 결혼은 세계적인 특종이 되었을 것이다.

두 사람은 6명의 아이—딸 셋, 아들 셋—를 두었다. 그녀는 돼지와 닭 등을 키웠고 밭에 채소를 심어 자급자족했다. 부부가 살았던 집은 친구뿐 아니라 가난한 이들과 남의 도움을 필요로 하는 이들이 시도 때도 없이 드나들면서 북적거렸다. 카타리나는 불만 없이 모든 계층을 받아들였고 그들을 돌보고 베푸는 종교적인 삶을 살았다. 페스트가 돌자 그녀는 넘쳐나는 병자를 돌보기도 했다. 그녀는 루터의 조카 8명도 키웠다.

1546년 루터가 죽자 그녀는 경제적인 어려움에 직면했다. 루터가 죽으면서 자필로 썼던 유언장이 법적으로 인정받지 못했기 때문에 그녀는 루터의 가족과 법정 싸움을 치러야 했다. 재판에 이긴 그녀는 농장에서 계속해서 살 수 있었지만 1552년 뷔텐베르크에 페스트가 만연하자 살던 도시를 떠나기로 했다. 그녀는 아이들을 태운 마차를 몰고 달리다가 떨어져서 크게 다쳤고 폐렴이 겹쳐서 결국 죽음에 이르렀다.

카타리나는 오늘날 독일에서 높은 평가를 받고 있다. 교회의 교리에 매여 있었던 500년 전에 자유인으로 당당히 자기 선언을 했던 여인이기 때문이다. 수녀로 살다가 여성으로서 해방을 과감하게 부르짖었던 그녀는 확실하게 자신의 길을 걸었던 여장부였다. 주어진 환경을 조용히 끌어안고 순응하면서 자기영역을 펼쳐나간 다부진 여인이었다. 요즘도 개신교에서는 이런 카타리나를 새롭게 재조명하면서 그녀를 기리는 행사를 자주 열고 있다.

거리운동의 효시가 된 어린이 십자군 원정

동원된 어린이는 열악한 조건 속에서 희망 없이 살아가던 젊은 노동자들이었다.
이런 아이들이 하늘의 엄청난 계시를 들었을 때 어찌 소명감에 불타지 않았겠는가?
지친 삶을 살아가는 이들은 신에게 선택받았다는 기쁨에 들떴다.

중세 유럽에서는 십자군 원정(1096~1204)이 수차례 있었다. 십자군은 이슬람에게 빼앗긴 성지 예루살렘을 탈환하겠다는 종교적 목적으로 탄생한 것이다. 이를 주관했던 인물은 37세에 교황이 된 인노첸시오 3세(Innocentius Ⅲ, 재위 1198~1216)이다. '인간은 죄악 덩어리이다. 수도자는 일반인보다 높은 존재이다. 교황은 신보다는 아래지만 모든 인간보다 높다'라는 생각을 가졌던 인물이다. 인노첸시오 3세는 속세에서 벌어지는 일에 관심이 많았고, 교황의 통치 영역을 넓혀 나가는 데도 관심을 기울였다. 또 그는 유난히 이단자에게 단호히 대처해서 싸운 사람이기도 하다. 여기서 말하는 이단자는 진짜 이단자가 아님은 물론이다.

당시 교황의 교회가 본분을 이탈하자, 프랑스 남부지방에서는 예수 본래의 정신으로 돌아가고자 하는 이들이 생겨났다. 인노첸시오

3세에게는 이 사람들이 이단자였다. 그는 1233년 종교재판소를 열어서 많은 이들을 심문하고 죽였다. 예루살렘을 무력으로 탈환하고자 했던 그는 여러 번 십자군 원정을 일으켰다. 동참했던 나라는 프랑스, 영국, 독일이었다. 그의 의욕과 달리 예루살렘 정복은 늘 실패로 끝났다. 원정에 참여했던 사람이 엄청나게 죽어나가며, 사람들이 십자군 원정에 대해 회의를 느끼고 있을 때 인노첸시오 3세는 어른 대신 순수한 어린이를 꼬드겨서 십자군 원정대를 만들기로 했다. 이것이 1212년 일어난 어린이 십자군이다.

독일에서는 10세 소년 니콜라우스가, 프랑스에서는 12세 소년 스테판이 어린이 십자군을 모았다. 특별한 카리스마를 지녔던 이 두 아이는 아이들을 이끌고 예루살렘으로 향하는 길을 떠났다. 어떻게 십자군 어린이들을 모을 수 있었던 것일까?

그들은 하늘에서 계시를 받았다고 주장했다. 예수가 환시 속에 나타나 "즉각 어린이 십자군을 만들어라! 그리고 예루살렘으로 돌진하라!"라고 말했다는 것이다. 그들은 천사도 나타나서 예루살렘으로 행군하라는 지시를 내렸다고 말했다. 어린이 십자군이 행군하면 "하늘로부터 보호받을 수 있다! 바다를 건너갈 때는 마른 발로 예루살렘에 당도할 수 있다! 하늘이 바다를 갈라준다는 약속을 했기 때문이다! 그 약속의 증표로 하늘에서 편지까지 받았다"라고 꼬드겼다. 당연히 아이들이 구름처럼 몰려들었다. 독일 쾰른에서 약 2만 명, 프랑스에서 약 3만 명, 도합 5만 명의 아이들이 모였다. 즉시 예루살렘으로 향하는 긴 행렬이 시작되었다. 물론 몇몇 수도자도 동참했다.

하늘의 계시가 유럽 전역으로 퍼지다

그런데 의문이 생긴다. 이렇게 많은 어린이들이 어떻게 끝까지 동참할 수 있었을까? 이 의문을 풀기 위해서는 단어 하나를 풀어야 한다. 당시 사회적인 상황에서 생겨난 단어가 '푸에리Pueri'라는 것이다. 이 단어는 '어린이'라는 단순한 뜻을 넘어서 '시골의 젊은 노동자 동아리'라는 뜻을 갖고 있다. 동원된 어린이들은 열악한 조건 속에서 희망 없이 하루하루 살아가는 젊은 노동자였다. 가진 것 없이 남의 집에 빌붙어 살던 어린이가 대부분이었다. 종과 양치기, 하녀로 일했던 이들은 겨우 의식주를 해결하며 살아갔다. 이런 아이들이 하늘의 엄청난 계시를 들었을 때 어찌 소명감에 불타지 않았겠는가? 신이 예언자 스테판과 니콜라우스를 통해서 예루살렘을 정복하라는 계시를 내렸으며 특별히 어린이들이 나서라고 했다는 것을 아이들은 영광으로 받아들였다. 지친 삶을 살아가는 이들은 신에게 선택받았다는 기쁨에 들떴다.

남의 집에 얹혀살던 어린이들은 손에 든 쟁기를 놓았다. 가축도 버리고 주인에게 충성하던 의무도 버렸다. 오직 희망찬 미래를 상상하면서 어린이 십자군 운동에 벌떼처럼 몰려들었다. 이렇게 모인 어린이들은 노래하고 환호하며 중부 유럽에서부터 남부 유럽을 지나 예루살렘으로 향했다. 행군하는 동안 계속 숫자가 불어났다. 지역 주민들은 환호성을 지르며 이들을 영접하고 물질적인 편의를 제공했다. 그리스도교에 살고 죽었던 당시의 민중을 생각해보면, 그런 환대는 너무나 당연했다. 어린이까지 이교도의 손에 떨어져 있는 성지 예루살렘을 탈환하러 나서는데 어른도 어떤 방법으로든 동참해야

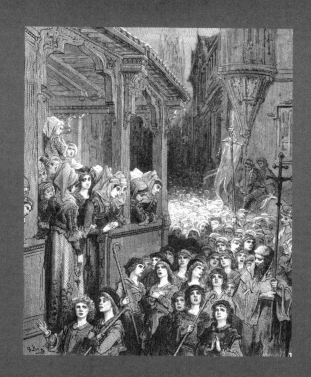

구름같이 모여든 어린이 십자군을 묘사한 그림

한다고 생각했을 것이다.

하늘의 계시를 받고 시작했던 어린이 십자군의 출발은 근사했다. 그러나 이들은 예루살렘에 도착하기 전에 많은 문제에 직면하게 되었다. 장기간의 행렬 탓에 너덜너덜해져 버린 옷과 신발, 추위와 굶주림에 시달리는 아이들이 생기기 시작했다. 견뎌내지 못한 일부 아이들은 다시 고향으로 돌아갔다. 그래도 많은 아이들이 이런저런 시련을 어렵게 극복하고 드디어 바다 앞에 당도했다.

1216년경 이름이 알려지지 않은 한 사람이 이 상황을 눈으로 보고 들은 것을 글로 남겼다. 그리고 연대기 사가인 오게리우스 파니스는 1212년 8월 25일 7000명의 어린이가 이탈리아의 항구도시에 몰려왔다는 기록을 남겼다. 바닷가에 당도한 어린이들은 실망감을 감추지 못했다. 스테판과 니콜라우스가 말한 대로라면 바다가 갈라져야 했다. 그래야 바다 밑으로 걸어서 예루살렘에 당도할 수 있지 않겠는가? 그러나 계시대로 기적은 일어나지 않았다. 기적은커녕 몇 척의 배가 이들을 기다리고 있을 뿐이었다.

일단 아이들은 예루살렘으로 가는 7척의 배에 승선했다. 그 중 2척이 이탈리아의 사르디니아 섬 부근에서 풍랑을 만났다. 배가 전복되면서 많은 어린이들이 죽음을 당했다. 당시 익사했던 아이들을 지금도 한 경당에서 기리고 있는데 이들을 기념하는 날이 12월 28일이다. 배로 무사히 예루살렘으로 건너갔던 아이들도 성지를 탈환했던 게 아니라 노예로 팔려나갔다. 그 어린이들 중 18년 후 다시 유럽으로 돌아온 아이도 있었다. 그럼 당시 배를 타지 않았던 다른 어린이들은 어떻게 되었을까? 학자들은 이들이 북유럽의 노예시장에 팔려갔거나 로마에 종으로 팔려갔을 거라고 보고 있다.

노예나 매춘부로 팔려간 아이들

이 특별했던 십자군은 유사한 신분의 어린이들이 모였던 운동으로 보아도 무방하다. 이들은 같은 목적을 가지고 높은 이상을 꿈꾸면서 방랑길에 올랐다. 물론 이들이 니콜라우스와 스테판의 계시에 속은 것은 사실이다. 그렇지만 몇몇 학자들은 이 군집에서 긍정적인 요소를 찾아냈다. 하나는 자발적인 행렬을 통해 새로운 대도시에 도달했다는 것, 그리고 다른 하나는 젊은이들이 일으킨 거리 운동의 효시라는 점이다.

먼저 이들이 '이런 방법'으로 당대 최고로 번성했던 이탈리아에 도달함으로써 젊고 가난했던 노동자의 꿈을 조금은 이루게 되었다고 보는 시각이다. 다시 말하면 어린이 십자군이라는 명목으로 출발했지만 더 넓고 자유로운 세계로 나가는 시발점이 되었다는 것이다. 비록 이들이 다시 귀족의 종으로 일하게 되었을지라도 말이다. 동시에 자유인으로 살아갈 수 있는 계기도 되었다. 물론 어린이들에게 비참한 최후를 맞게 한 종교적 사기극이었다는 낙인은 벗기 힘들다.

두 번째는 젊은이 운동과 연관해서 보는 시각이다. 어떤 학자들은 1212년의 어린이 십자군 원정을 오늘날의 젊은이 운동과 비교하고 있다. 2000년 독일 퀼른에서 열렸던 '세계 젊은이의 날' 행사에는 193개의 나라에서 80만 명의 젊은이들이 참가했다. 물론 어린이 십자군처럼 군집을 이루어 행군한 것은 아니지만 어쨌든 오늘날에도 젊은이들은 열정적인 모습으로 이런 종교 운동에 적극적으로 참

성지 예루살렘을 탈환하기 위해 십자군 원정에 나선 사람들. 그러나 원정은 늘 실패로 돌아갔다

여하고 있다. 수많은 젊은이들이 모여드는 그리스도교의 테제공동체에 비견하기도 한다. 심지어 어떤 학자들은 1970년대 미국을 휩쓴 히피 운동에 빗대기도 했다.

오늘날 젊은이들의 모임을 어린이 십자군과 비교했을 때 둘 사이의 중요한 공통점은 무기가 없는 '맨손'이라는 사실이다. 십자군 어른은 무기를 지녔지만 어린이 십자군은 몸에 무기를 지니지 않았다. 폭력 없는 순수하고 평화로운 종교적인 행군이었음을 다시금 확인할 수 있다.

어린이 십자군은 오늘날에도 여러 가지 의미로 재조명되고 있다. 영화가 제작되었고 베를린의 한 갤러리에서는 '어린이 십자군'에 관련한 전시회도 열었다. 브레히트(1898~1956)는 1939년에 어린이 십자군에 대한 시를 쓰기도 했다. 이런 긍정적인 해석마저 없다면 그때 교활한 사기극에 속아서 군집을 이루고 행렬했다가 실망하고 다시 노예의 나락으로 떨어진 어린 영혼들이 너무나 불쌍하지 않은가.

4부

뒷골목의 정치

34년간 감옥에서 지낸 '철가면'은 죽은 뒤에도 수난을
당했다. 장례를 치른 다음날 '철가면'의 정체를 궁금해 하던
많은 사람들이 일제히 들이닥쳤다. 그들은 앞을 다투어
무덤을 파고 관 뚜껑을 열었다. 그러나 시체를 본 사람들은
경악을 금치 못했다. 이미 시체의 머리 부분이 사라지고
없었던 것이다.

상인의 딸, 프랑스 왕비가 되다

카트린은 이탈리아 상인의 딸이라는 출신의 장벽을 뚫고
프랑스 왕실에 도달했다. 그곳에서 권력의 맛을 보았고,
그 권력을 바탕으로 피비린내 나는 종교전쟁을 일으켰다.

위그노 신교와 연관된 인물을 조명하면 빠질 수 없는 한 여인이
있다. 카트린 드 메디시스(1519~1589)이다. 그녀는 13~17세기 유럽을
주름잡은 이탈리아의 메디치 집안에서 태어나 프랑스의 왕 앙리 2
세와 결혼했다가 남편이 죽은 뒤 어린 아들 대신 정치에 나선 여인
이다.

그녀의 어머니는 그녀가 태어난 지 15일 만에 죽었다. 아버지 또
한 매독과 결핵에 시달리다가 일찍 세상을 떠났다. 고아가 된 그녀
에게 보호자가 나타났다. 가까운 친척인 교황 레오 10세(Leo X, 재
위 1513~1521)였다. 하지만 그도 1521년에 죽었다. 메디치 가문 출신
인 하드리아노 6세(Hadrianus VI, 재위 1522~1523)가 다음 교황으로
선출되었다. 카트린과 가까운 친척이었던 그 역시 2년 후에 죽었다.
그 뒤를 이은 사람은 메디치 가문의 클레멘스 7세(Clemens VII, 재위

1523~1534)로, 그는 교황으로 즉위하여 다시 그녀의 보호자가 되었다. 당시 메디치 가문은 막강한 재력을 바탕으로 연이어 교황을 배출했고 프랑스 및 영국 왕실과 혼인을 맺었다. 부모에게 엄청난 유산을 받은 카트린 또한 예외가 아니었다. 유럽의 왕족과 귀족들이 그녀와 결혼하기 위해 손을 내밀었다. 청혼을 전부 거절했던 클레멘스 7세는 프랑스의 프랑수아 1세의 둘째 아들 앙리와 그녀의 결혼을 추진했다.

메디치 가문은 교황을 배출한데다가 돈도 많았지만 당시 프랑스 왕실은 넘보기 힘든 최고의 권력이었다. 프랑스 왕실 측에서는 결혼을 수락하며 이런 말을 하는 것을 잊지 않았다. "앙리가 둘째였기에 망정이지 만약 그가 왕위 계승권이 있는 첫째였다면 메디치 가문과의 혼인은 쉽게 이루어지지 않았을 것이다." 메디치 가문이 엄청난 선물과 지참금을 들고 온다 해도 이탈리아 상인의 딸이라는 꼬리표를 떼기 힘들다는 것이다.

40여 척의 배를 거느리고 프랑스로 떠나

14세 동갑인 카트린과 앙리의 결혼은 1533년 10월 프랑스에서 거행될 예정이었다. 클레멘스 7세는 그의 조카를 위해 별도의 지참금을 준비했으며 당대 최고의 디자이너에게 결혼식에서 입을 최고급 의상을 주문했다. 왕실에서 기 죽지 말라는 의미를 은연중에 내포한 처사였을 것이다. 거기에 초고가의 예물까지 그녀에게 챙겨주었다.

교황이 마련해준 예물 중에는 매우 큰 진주 귀고리가 포함돼 있었다. 후에 카트린은 이 귀고리를 며느리에게 선물했다. 카트린의 아들이 죽자 과부가 된 며느리 메리 스튜어트는 고향집 스코틀랜드로 돌아가면서 이 귀고리를 챙기는 것을 잊지 않았다. 훗날 메리 스튜어트가 사형당하고 나자 영국의 엘리자베스 여왕(1533~1603)이 그 진주 귀고리를 귀에 걸었다. 그만큼 아름답고 값비싼 예물이었다.

카트린의 결혼식은 성대하기 이를 데 없었다. 이탈리아에서 프랑스로 가는 배만 자그마치 40척이었다. 이 배에는 결혼식에 참석할 교황 클레멘스 7세는 물론, 13명의 추기경, 수많은 주교와 교황청 소속의 귀족이 탔다. 프랑스 왕실에서는 이들을 영접하기 위해 마르세유에 나무로 된 궁전 같은 집을 지어야 했다.

프랑스 왕은 200명의 군인과 300명의 궁수, 개인 호위병과 함께 아들을 데리고 나타났다. 프랑스 국왕과 교황은 10일간 이 집에서 두 사람의 결혼 조건을 논의했다. 둘 사이에 결혼협정이 체결 된 후 마르세유에 있는 한 교회에서 결혼식이 거행되었다.

당시 아주 세부적인 항목까지 협의되었던 결혼 협정문서가 아직까지 남아 있는데, 미처 실천이 안된 약속 중 하나가 카트린의 지참금이었다. 클레멘스 7세가 일찍 죽었기 때문이다. 그 때문에 프랑스 왕족들은 카트린에게 곱지 않은 시선을 보냈고 급기야 무시하기 시작했다. 그녀는 고립무원의 처지에 빠졌다. 그녀가 나름대로 기를 펼칠 수 있는 때는 사교계에서 말 타기를 할 때뿐이었다. 이런 만남을 이용해서 그녀는 조금씩 존재감을 드러냈다.

차츰 프랑스 왕실에서 점수를 따게 되었을 때 갑자기 남편의 형이 죽었다. 자연히 다음 서열인 그녀의 남편이 앙리 2세로 등극하였다. 그 당시 카트린은 임신을 하지 못하고 있었다. 그래서 두 사람이 이혼할지도 모른다는 소문이 나돌았지만 기우에 불과했다. 그녀는 곧 아들 프랑수아를 낳고, 12년 동안 9명의 아이를 더 낳았다. 그 중 6명이 생존했다.

신교도 학살을 배후에서 주도하다

그녀의 남편 앙리 2세는 무술시합을 하다가 중상을 입고 1559년 에 죽었다. 장자인 아들 프랑수아 2세가 프랑스 왕으로 등극했고, 메리 스튜어트와 결혼했다. 그러나 15세의 어린 왕은 결핵에 걸려서 일찍 죽고 말았다. 그녀는 과부가 된 며느리 메리 스튜어트를 1561 년 고향 스코틀랜드로 돌려보냈다.

카트린은 나서는 성격이 아니어서 늘 겸손하게 뒷전에 있는 편이 었다. 그런 그녀가 변하기 시작한 것은 왕실에서 어린 아들 대신 정 치의 전면에 나서면서부터였다. 그때부터 그녀는 무소불위의 힘을 휘두르기 시작했다. 그녀의 불같은 성품은 어느 누구도 짐작하지 못 했던 일이라고 사가들은 전한다. 한번은 딸 마르그리트가 왕실의 격 에 맞지 않는 남자를 비밀스럽게 사귀는 것을 알았다. 스스로 제어 하지 못할 정도로 침착성을 잃은 그녀는 딸에게 달려들어 옷을 갈 기갈기 찢고 그것도 모자라 머리카락을 쥐어뜯으며 그녀를 때리기 까지 했다.

형식적이고 우아하며 고상한 법도를 중시하던 프랑스 왕실에서는 카트린의 이런 행동을 비웃었다. 프랑스 귀족들이 이 좋은 소재를 가지고 부채를 살랑살랑 흔들면서 얼마나 많은 입방아를 찧었겠는 가? '이탈리아 장사꾼의 딸'이라는 말도 빠뜨리지 않았을 것이다.

위는 카트린의 초상화, 아래는 간밤의 학살을 확인하러 나온 카트린

카트린과 관련된 이야기 중에 빠질 수 없는 것이 있다. 1572년 8월 24일, 삶과 죽음이 뒤엉켜 아수라장이 된 '성 바르톨로메오의 밤'이다. 그날은 왕가의 결혼식이 치러지는 날이었다. 구교를 믿는 그녀의 딸 마르그리트와 신교를 신봉하는 부르봉 왕가의 신랑 앙리 4세를 혼인시켜 신구교가 서로 평화를 누려 보자는 의도에서 시작한 일이었지만 사고가 벌어져 패싸움으로 발전했고 결혼식에 초대된 3000명의 위그노 신도들이 죽었다. 이렇게 시작된 신구교도의 싸움이 8~10월에 프랑스 전역으로 번져나가 약 10만 명이 죽었다. 그 결혼식은 처음부터 위그노 신도를 말살하기 위하여 마련된 것이었다. 그 무서운 피의 밤을 은밀하게 꾸민 장본인이 바로 카트린이다. 권력을 거머쥔 여인의 종교적 편견에서 퍼져 나온 음흉한 독기는 이토록 무서웠다.

카트린의 부모는 일찍 죽었지만 돈 많은 가문의 상속인이었던 덕분에 메디치 가문 출신의 교황들은 그녀를 뒤에서 후원했고 그녀는 높은 장벽을 뚫고 프랑스 왕실에 도달할 수 있었다. 카트린은 그곳에서 권력의 맛을 보았고, 그 권력을 바탕으로 피비린내 나는 종교전쟁을 일으켰다. 신교와 구교라는 종교적 갈등에 집착한 결과였다. 우리가 하느님 앞에 서서, "저는 구교입니다" "저는 신교입니다" 하고 고백한다면, 하느님은 이렇게 되물으실지 모른다. "얘들아, 신교가 무슨 뜻이냐? 구교는 또 무슨 뜻이냐?"

프랑스에 이탈리아 예술을 전파한 마리

마리는 정치에 관심이 없었고 교제 관계도 좁았다.
호사스러운 생활을 즐겼던 마리가 정권을 쥔 것을 사람들은 탐탁지 않게 여겼다.
그런 그녀도 차츰 권력의 맛을 알기 시작했다.

마리 드 메디시스는 1575년에 태어나 1642년에 쾰른에서 죽었는데 프랑스 왕 앙리 4세의 두 번째 부인(앙리 4세의 첫 번째 부인은 카트린 드 메디시스의 딸 마르그리트이다)이자 루이 13세의 어머니였다. 앙리 4세가 1610년 구교도에 의해 살해되자 어린 아들 대신 정권을 잡고 휘둘렀던 여자이기도 하다.

이 여인도 카트린 드 메디시스처럼 이탈리아 메디치 가문의 후손이며 7형제 중 막내였다. 어머니가 죽은 후 아버지가 새장가를 가서 아이들은 다른 곳에서 양육되었다. 마리의 형제 중 5명은 어릴 때 죽었고 유일하게 마리 곁에 생존했던 자매마저 1585년 귀족의 아들과 결혼해서 떠난 뒤 마리는 혼자 남았다.

사람들은 레오노라라는 여자아이를 마리의 입양자매로 붙여주었다. 마리가 11세 때였다. 이렇게 만난 입양자매 레오노라는 마리의 인생에서 중요한 역할을 하게 되었다. 두 소녀는 마리의 이복동생인 안토니오와 함께 귀족으로서의 소양을 익혔다. 마리는 당시 '유럽 제일의 상속녀'라는 칭호가 붙을 정도로 엄청나게 많은 유산을 받았지만 결혼하는 데 다소 문제가 있었다. 아버지가 죽은 후 그 후계자였던 삼촌이 1600년 4월, 그녀보다 20세나 나이가 많은 프랑스의 왕 앙리 4세와 약혼을 시켰던 것이다. 돈 때문에 이루어진 결혼이었다. 앙리 4세는 당시 첫부인 마르그리트와 이혼한 후 많은 빚을 지고 있었다. 빚을 갚기 위해 지참금을 많이 챙겨오는 부잣집 딸 마리와 약혼하기를 간절히 원했다. 그해 10월 두 사람은 이탈리아에서 결혼식을 올렸다.

역사학자인 마르타 사드 박사가 전하는 바에 의하면 앙리 4세는 당시 결혼식에 직접 나타나지 않았다고 한다. 대신 그녀의 삼촌이자 토스카나 대공인 페르디난도 1세를 자신의 대리로 보냈다. 오늘의 관점으로는 이해할 수 없는 일이지만. 신랑 대리를 보내는 이런 식의 결혼은 당시에는 낯선 풍경은 아니었다. 만약 마리가 '상인의 딸'이 아니고 '왕실의 딸'이었다면 사정은 달랐을 것이다. 신부 마리가 신랑 앙리 4세를 처음 본 것은 2개월 후인 1600년 12월이었다.

그들의 결혼은 행복하지는 않았다. 앙리 4세가 항상 다른 여자를 곁에 두었기 때문이었다. 그녀와 가장 앙숙이었던 여자는 샤를 9세의 딸이자 남편의 정부였던 카트린 앙리에트였다. 그녀는 공공연하게 마리를 '상인의 딸'이라고 부르며 그녀의 자존심을 건드렸다. 메디치 가문은 당시 유럽 제일의 부자이기는 했지만 왕실에 비해서는 전통적인 귀족 가문이 아니었다. 어쩌다가 갑자기 졸부가 되어 가문

앙리 4세와 마리의 결혼식 장면. 실제 결혼식에는 앙리 4세가 나타나지 않았다고 한다

이 알려지기는 했지만 뿌리나 전통이 없어서 귀족이나 왕족으로부터 은연중에 무시당했던 것이다.

1601년 마리는 승계권이 있는 왕자를 출산하였다. 그 왕자가 나중에 루이 13세가 되어 리슐리외 추기경과 함께 위그노를 몰아내는 전쟁을 일으킨 장본인이다. 앙리 4세는 자신이 일찍 죽을 것을 알았는지 어린 아들 루이에게 통치권을 부여하기 위해서 힘썼다. 먼저 1610년 5월 마리를 여왕으로 만드는 조치를 취했다. 공교로운 일이지만 마리에게 권력이 넘어가고 난 바로 다음날 구교의 근본주의주의자들이 신교도였던 앙리 4세를 단도로 찍어 죽였다.

사실 마리는 정치에는 별 관심이 없었고 교제 관계도 다소 좁았다. 호사스러운 생활을 즐겼던 마리가 정권을 쥔 것을 사람들은 탐탁지 않아 했다. 그러나 '연습이 장인을 만든다'는 말처럼 왕권을 행사하기 시작한 마리는 시간이 지날수록 고단수의 정치인으로 변해갔다. 이때 마리의 측근으로 등장한 인물이 바로 마리의 정부였던 콘치노 콘치니와 그의 부인이자 마리의 입양자매였던 레오노라이다.

이 두 사람은 앙리 4세가 죽고 난 2개월 후 바로 관직을 맡으며 왕실에서 영향력 있는 인물로 부각되었다. 마리가 대권을 잡자 구교의 무리들은 마리가 신교도를 탄압해줄 것이라고 기대했다. 결과는 그들의 기대대로 되지 않았다. 파리의 왕족들은 마리와 콘치노 콘치니가 이탈리아에 친정을 두었다는 점 때문에 자신들의 권리가 점점 약해질 거라는 불안감에 휩싸였다. 실망한 구교도들은 다시 마리에게 등을 돌렸다. 어제의 친구가 오늘의 적이 된 것이다. 세월이 흘러 왕자 루이가 성년이 되었지만 마리는 아들에게 쉽게 권력을 양도하지 않았다. 처음에는 주저하면서 통치권을 받았던 그녀가 권력의 달콤한 맛을 알아버렸던 것이다. 오히려 그녀는 아들이 가급적 정치에 관여하지 못하도록 따돌리기에 급급했다.

유럽을 주물렀지만 남편과 아들에게는 버림받다

마리는 프랑스가 주변국들과의 힘의 균형에서 뒤처지지 않도록 적극적 수단을 취했다. 당시 왕실의 관례대로 그녀는 정략결혼으로 주변 국가들과의 관계를 돈독하게 다졌다. 1615년 11월, 루이 13세와 오스트리아의 안느, 그리고 자신의 딸 이사벨과 스페인 왕자 펠리페 4세의 합동결혼식을 치렀다. 마리는 또 다른 어린 딸 앙리에트를 영국의 찰스 1세와 결혼시켰다. 이런 결혼을 통해 그녀는 온 유럽에 정치적인 영향력을 행사했다. 그러나 1617년 루이 13세는 18세가 되었고 더 이상 가만히 있지 않았다. 왕을 옹호하던 지지자들과 힘을 모아서 어머니인 마리와 콘치노 콘치니를 정권의 중심에서 밀어내버린 것이다.

콘치노 콘치니는 바로 루이에 의해 처형되었고, 그의 부인도 마녀로 몰려서 화형당했다. 루이 13세의 어머니 마리는 블루아 성에 감금당했다. 2년이 지난 1619년, 마리는 한 귀족의 도움으로 탈출을 시도했다. 마리가 가고자 했던 곳은 둘째 아들 오를레앙 공 가스통이 있는 곳이었다. 둘째 아들은 항상 형에게 눌려서 권력의 맛에 굶주려 있었다. 마리는 둘째 아들을 만나서 힘을 합쳐보려고 했지만 계획은 실패로 돌아갔다.

이때 예전에 마리의 도움으로 출세가도를 달렸던 리슐리외 추기경이 그녀에게 손을 내밀었다. 그 역시 루이 13세에게 한 번 파면을 당했지만 고해 신부를 잘 둔 덕택에 다시 루이 13세와 화해하고 손을 잡은 경험이 있었다. 그 이후 리슐리외 추기경은 탄탄대로를 달리며 루이 13세 곁에서 옛 명성을 회복하는 중이었다. 리슐리외가 중재를 잘해서 마리는 아들 루이 13세 곁으로 다시 돌아갈 수 있었다. 그녀는 왕실에 돌아와서 다시 주요 인물이 되었다. 그렇지만 사정은 많이 달라져 있었다. 예전처럼 아들 루이 13세에게 강력한 영향력을 행사할 수 없다는 것을 알아차린 그녀는 권력을 되찾기로 마음먹었다. 그녀는 아들에게 나와 리슐리외 추기경 둘 중 하나를 택하라고 말했다. 뜻밖에도 루이 13세는 마리가 아닌 리슐리외 추기경을 선택했다. 이 일을 계기로 마리는 또 성城에 자택연금되고 말았다. 그리고 1631년 그녀는 결국 브뤼셀로 도망갔다.

그녀는 민중에게 비난을 받았고 어느 귀족에게도 환영받지 못했다. 네덜란드, 스위스 그리고 영국 등지로 방황하던 마리는 쾰른에서 옛 친구의 도움을 받아 정착할 수 있었다. 한때 프랑스의 왕비이자 현 국왕의 어머니였지만 허무한 물거품이었다. 마리는 고독과 가난에 허덕이다가 1642년 쾰른에서 죽었다. 하기야 그녀의 가난은 일반인들의 찌든 가난과는 질적으로 다르기는 했다. 아마도 왕족으로 살았던 것에 비해 못했다는 뜻일 것이다. 그녀의 유해는 쾰른 성당에 묻혔고 시체의 내장은 방부제로 보존되었다. 그녀의 뼈는 파리로 보내져 왕족의 무덤에 안치되었다.

마리는 프랑스의 어떤 왕녀보다 예술감각이 뛰어났다. 그녀 덕분에 이탈리아의 예술감각이 프랑스 왕실에 전달되었다고 역사학자들은 주장한다. 유럽에서는 마리의 예술감각이 지금도 역사 연구의 대상이 되고 있다.

그녀의 인생을 되돌아보면 모든 것이 허무하다. 정치에는 문외한이었던 여인이 권력의 맛을 알고 난 뒤 그걸 놓치지 않으려고 발버둥치다 결국 아들에게 버림받아 쓸쓸한 말년을 보냈기 때문이다. 이 이야기를 보면서 갑자기 이런 말이 떠오른다. '여기다 싶을 때가 곧 거기를 떠날 때다. 이것이다 싶으면 곧 부정해야 할 대상이다.' 우리가 잘 아는 중용中庸과 상통하는 의미이다. 마리 드 메디시스 역시 적절하게 권력을 맛보고 물러났더라면 초라한 말년을 보내지 않았을 것이다.

두 얼굴의 추기경 리슐리외

리슐리외는 지식인처럼 굴다가 시건방진 태도를 보였고,
자비로운 인간처럼 보이다가 돌변해서 냉정함을 표출했다.
의기소침한 우울증에 빠졌다가 때로는 광분하기도 했는데,
소리를 지르고 울부짖을 때는 주위사람들도 어쩔할 바를 몰랐다

16~17세기 유럽사에 자주 등장하는 한 추기경의 이야기를 해보
자. 그리스도의 사랑을 몸소 실천하다 간 사람이라고 생각할지 모르
겠지만 사실 이 추기경은 상당히 정치적인 인물이다.

1585년 프랑스에서 태어난 리슐리외는 계속되는 잔병치레와 우
울증까지 겹친 힘든 소년기를 보냈다. 반면에 그는 상당히 약삭빠른
데다 재치가 있고 성공하고자 하는 의지와 욕망이 강했다. 그는 그
럭저럭 체면을 유지하는 정도의 낮은 귀족 계급 출신이었다. 그는
장교가 되겠다는 어린 시절의 꿈을 일찍 접고 수도원으로 들어갔다.
역사가들은 당시 그의 가족이 기거하는 집의 소유권이 주교에게 있
었기 때문에, 그가 수도자가 되면 가족이 그곳에서 계속 살 수 있을
거라는 생각에 수도자가 된 것이라고 해석하고 있다. 21세에 리슐리
외는 주교가 되었다. 당시 거의 모든 수도자들이 꿈꾸듯 그도 지방

주교에 만족하지 않고 파리 진출을 꿈꾸었다. 당시는 수도자들도 정계에 진출할 수 있었다. 리슐리외는 반드시 정계에 나가서 왕실에서 요직을 맡겠다는 출세의 욕구가 강했다.

리슐리외 이야기를 진행하기 위해서는 당시 프랑스가 정치적으로 어떤 상황에 놓였는지 살펴봐야 한다. 1610년 프랑스는 신구교도의 갈등으로 한창 시끄러웠다. 1562년부터 1598년까지 36년 간의 신구교 종교전쟁이 끝났지만 '위그노 신교' 편을 들었던 앙리 4세가 구교 추종자들에게 암살당하자 왕실은 큰 불안에 휩싸였다. 거기다 당시 유럽에서 최고의 부와 권력을 누리던 최강국 스페인이 늘 국경지대에서 프랑스를 노리고 있었다. 앙리 4세의 후계자는 1601년에 태어난 루이 13세였다. 말을 더듬는데다가 성격이 외골수라서 주위의 관심을 끄는 타입이 아니었던 그는 전쟁놀이 장난감 사냥으로 조용한 어린 시절을 보냈다. 앙리 4세가 죽었을 때 그는 겨우 8세였다. 이 아들을 대신해서 어머니 마리 드 메디시스가 대리정권을 맡았다. 그녀는 남편과는 반대로 스페인과 평화조약을 체결하고 3년 후, 어린 아들 루이를 14세의 오스트리아 공주 안느와 결혼시켰다.

당시의 정치적인 상황을 간파한 리슐리외는 왕실에서 출세할 수 있는 방법을 찾아냈다. 이탈리아 남자 콘치노 콘치니에 접근한 것이다. 콘치노 콘치니는 왕비인 마리 드 메디시스의 정부인데 실질적인 정치는 그가 관장하고 있다는 걸 리슐리외는 재빨리 간파한 것이다. 리슐리외는 이 남자에게 편지를 써서 언제든지 당신을 위해 봉사하겠노라고 서약했다. 그는 드디어 왕비의 정부인 콘치노 콘치니의 심복이 되는데 성공했고 더불어 왕비의 환심까지 살 수 있었다. 이렇게 권력의 핵심과 관계를 맺자 모든 것이 순조롭게 풀렸다. 리슐리외는 1616년에 왕실의 요직을 얻게 되었다. 실제 정치는 여전히 왕비의 정부인 콘치노 콘치니가 이끌어갔기 때문에 리슐리외는 마치 하인처럼 콘치노 콘치니에게 아첨하며 복종했다.

왕을 발 밑에 두고 주무른 무소불위의 권력자

당시 왕인 어린 루이 13세는 콘치노 콘치니 앞에서 나서지 못했다. 콘치노 콘치니는 루이를 우습게 알고 비웃었다. 콘치노 콘치니는 하나만 알고 둘은 몰랐던 것이다. 어린 왕이 짐짓 그런 태도를 보인 이유는 왕실의 암투와 중상모략에서 살아남기 위한 방편이었기 때문이다. "나는 일부러 어린애처럼 굴었다"고 몇 년 후 왕권을 잡은 루이는 회고했다. 스스로 힘을 길러 권력을 손에 쥘 때까지 죽은 듯 없는 듯 살았다는 것이다. 이런 굴욕의 시간을 참고 나서 드디어 권력을 손에 쥔 루이 13세는 콘치노 콘치니를 죽이라고 신하에게 명했다. 그의 어머니 또한 다른 성으로 보내고, 리슐리외도 지방으로 쫓아버렸다.

그러나 리슐리외의 퇴장은 잠시뿐이었다. 인연의 끈이 질겨서인지 인맥이 넓어서인지 그는 다시 궁정으로 복귀한다. 결정적인 역할을 한 사람은 그의 고해 신부였다. 이 고해 신부는 왕실 사람들과 연결고리가 많았는데, 갖은 연줄을 동원해서 리슐리외의 복권을 간청했다. 당시는 '위그노 신교' 문제가 자주 등장했는데 싸울 능력을 가진 자는 오직 리슐리외뿐이라고 주장을 거듭해 마침내 그의 재등용을 관철시켰다. 이 일을 계기로 리슐리외는 루이 13세뿐만 아니라 왕비

전쟁을 좋아하고 세속 정치에 깊이 참여한 리슐리외 추기경

마리와 다시 화해한다. 여기서부터 그의 인생길은 오랜 꿈이었던 정치가로서 탄탄대로를 달리기 시작했다. 루이 13세는 교황을 움직여서 리슐리외가 추기경이 될 수 있게 했고 왕실의 높은 관직까지 수여했다.

리슐리외 추기경은 복잡한 성격을 지닌 인물이었다. 지식인처럼 굴다가 시건방진 태도를 보였고, 자비로운 인간처럼 보이다가 돌변해서 냉정함을 보이는 특이 성격의 소유자였다. 의기소침한 우울증에 빠졌다가 때로는 광분하기도 했는데, 소리를 지르고 울부짖을 때는 주위사람들도 어찌할 바를 몰랐다. 자신의 침대 밑을 기어다니는 종잡을 수 없는 행동까지 했다니 정신치료를 요하는 노이로제 환자가 아니었는지 의심해볼 만하다. 심지어 그는 아래 사람이나 동료를 패기도 했다.

루이 13세는 리슐리외 추기경과는 대조적으로 부엌에서 직접 잼을 만들며 삶의 재미를 느끼는 타입이었다. 또 따분하고 복잡한 의회에서 하품을 하고, 축제 때는 눈을 감고 졸기도 하는 둔한 성품인데다가, 여자에게 특별히 두려움을 갖고 있었다. 그는 왕비인 안느마저 두려워했다. 만약 리슐리외 추기경과 루이 13세의 신분이 서로 바뀌었다면 어땠을까? 그렇게 가정하면 아마도 역사의 기록에서 추기경의 이름은 빠졌을지도 모른다.

엄청난 권력을 손아귀에 쥔 리슐리외 추기경은 온갖 영역에 손을 뻗어 힘을 휘두르기 시작했다. 왕까지도 이 추기경의 권력 남용 때문에 곤란을 겪었는데, 하물며 지방 귀족들은 오죽 했겠는가? 그는 지방 귀족의 힘을 제한하고 과도한 세금을 걷었으며 궁정을 비방하는 자들은 즉시 특별법을 만들어 죽였다. 자신의 개인 호위병으로 120명의 기사, 100명이 넘는 선발 근위기병, 200명의 소총병을 두었다. 1627년 라로셸에 근거를 둔 신교도를 포위 공격할 때는 3만 명의 군인을 동원했다. 포위된 요새에 갇힌 군인들이 굶주림을 이기지 못하고 죽기 시작했는데 나중에는 사망자가 1000명이 넘었다. 단 하루 만에 400명이 죽어서 묻을 수조차 없었다는 기록이 나온다. 그후 성이 함락되자 2만 5000명이 죽고 단지 5000명이 살아남았다. 그는 참혹한 전쟁을 좋아한 추기경이었다. 그가 일으킨 전쟁에 관한 무수한 기록들이 지금도 전해진다.

오르막이 있으면 반드시 내리막도 있는 법이다. 리슐리외 추기경은 복막염 진단을 받고 어느 날 갑자기 의식을 잃고 누웠다가 1642년 11월 29일에 사망했다. 18년 동안 함께 했던 루이 13세가 병상의 그를 방문해서 죽어가던 그의 손을 잡고 이별을 나누었다. 스스로 군대를 이끌고 전쟁을 지휘하고, 왕실에 있는 적들을 인정사정없이 몰아냈던 그가 진짜 종교적인 추기경인지, 정치적인 남자인지 구분할 수가 없다. 뒤마의 소설 『삼총사』의 주요 등장인물이기도 했던 그에 관한 이야기는 유럽 방송에서 요즘도 단골 메뉴로 등장한다.

34년간 철가면을 쓴 사나이

34년간 철가면을 쓰고 감방생활을 하는 중에도 늘 단정하고 평화로운 모습을 보여준
이 남자의 실체는 무엇일까. 아직까지 그의 정체는 수수께끼로 남아 있다.

프랑스의 왕 루이 14세(1638~1715)는 '태양왕'이라는 이름으로 불
리며 부르봉 왕조의 전성기를 대표하는 군주로 알려져 있다. 루이
14세에 관한 흥미로운 이야기는 지금도 많이 전해지는데 가장 대표
적인 것은 그가 한 사람을 30년 넘는 세월 동안 감옥에 가두었지만
어느 누구도 그 이유를 몰랐고 그가 누구였는지조차 밝혀지지 않
은 채 미스터리로 남은 사건이다. 도대체 무슨 이유로 그랬을까? 감
옥에 갇혀 있던 사람은 누구였을까?

수많은 작가와 역사가들이 수세기 동안 이것을 밝히고자 반복해
서 시도했지만 결론은 내리지 못하고 온갖 추측만 무성했을 뿐이다.
그럴 수밖에 없었던 것이 루이 14세가 아무도 모르게 감옥에 가두
었던 그 수인의 얼굴에는 감옥에 갇히는 순간부터 죽을 때까지 평
생 철가면이 씌워져 있었기 때문이다. 그 철가면은 보통 기술로 제

조된 것이 아니었다. 이중으로 만들어져서 만약 철가면이 벗겨지게 될 경우에는 바로 다음 철가면이 자동으로 내려오는 특별한 장치가 마련되어 있었다. 그는 결코 '얼굴을 볼 수 없는 죄수'였다.

당시 프랑스 감옥의 수장으로 근무했던 인물은 마르시 올리였다. 그는 1669년 7월 최상부 권력층의 은밀하고 절박한 명을 받았다. 감옥에 비밀스런 방 하나를 특별히 잘 꾸며서 대기하라는 내용이었다. 동시에 만약 그 감옥에 갇힐 사람에 대해서 한 마디라도 입 밖에 내는 날은 죽음을 면치 못한다는 경고도 덧붙여졌다. 그 사람을 진짜 죄인처럼 다루어서는 절대로 안 된다는 것과 다른 죄수들처럼 함부로 대해서도 결코 안 된다는 특이한 명도 함께 하달됐다.

왕이 마르시 올리에게 주문했던 비밀스런 공간이 마침내 완성되었다. 감방에 살게 될 사람이 도착한 것은 1670년 4월이었다. 놀랍게도 그는 마치 귀족처럼 준마의 호위를 받으며 감옥에 도착했다. 그가 기거할 방은 긴 복도를 한참 지나고 여러 개의 문을 통과해야만 겨우 다다를 수 있는 깊고 내밀한 곳이었다. 횃불을 밝히고 지나가야 할 만큼 어둡고 좁았으며 늘 육중한 쇠문이 몇 겹으로 잠겨 있었다. 이 방 하나를 66명의 관리인이 철저하게 감시하면서 빈틈없이 지켰다. 마르시 올리는 직접 이 사람에게 음식을 날라주었다. 이렇게 시작한 두 사람의 특별한 인연은 34년 동안이나 계속되었다.

마르시 올리는 왕이 자신에게 보낸 그 특별한 남자의 정체에 대해서 끝까지 침묵했다. 그의 정체에 대해서도 죽을 때까지 한 마디도 밝히지 않았다. 다만 그 남자가 어떤 생활을 했는지에 대해서만 약간 언급했을 뿐이다. 마르시 올리는 그 철가면이 자신의 이상한 삶을 신의 섭리인 양 숙명적으로 평화롭게 받아들였다고 술회했다. 하루 24시간을 철가면을 쓴 채 먹고 잤고, 언제나 경건한 자세로 책을 읽으며 시간을 보냈다고 했다. 감방에 갇혀 있었지만 그가 원하는 것은 무엇이든 제공되었다. 마르시 올리의 회상에 의하면 그는 키가 큰 중년이었는데, 외모에 대한 기억은 오직 굵은 다리와 백발의 머리카락을 가졌다는 것뿐이었다.

그의 1차 수감 생활은 12년간 지속되었다. 1681년 알프스의 깊은 산중에 지은 새로운 감옥으로 마르시 올리의 근무지가 변동되었다. 물론 철가면도 마르시 올리와 함께 이송되었다. 여기서도 그는 변함없이 철저하게 격리 보호되었다. 회전문을 통과해야만 방이 있는 입구로 들어갈 수 있었고, 다시 2개의 문을 지나야 입구가 보이는 곳이었다. 마르시 올리의 지시하에 한 장교가 그에게 음식을 갖다주었는데, 여전히 그는 감방에서 생활했지만 특별 배려를 받았다. 물론 이 장교도 그에게 말을 걸어서는 안 된다는 상부의 명령을 철저하게 이행했다. 철가면은 이곳에서 5년을 머물렀다.

철가면 남자는 그후 마르시 올리와 함께 섬에 있는 은신처로 옮겨졌는데, 이동하는 데만 12일이 걸렸다. 거기서도 그는 특수한 대접을 받았다. 일주일에 한 번씩 식탁보와 옷 등을 깨끗한 것으로 갈아주었고 그가 받았던 옷과 은으로 장식된 그릇 등은 최상급 제품이었다. 비록 똑같은 감방생활이었지만 그에게는 철가면을 쓴 채 주위를 산책할 수 있는 약간의 자유까지 주어졌다. 아마 그곳이 바깥 세계와 철저히 격리된 외딴 섬이었기 때문에 가능했을 것이다. 이렇게 특사 대접을 받기는 했지만 감시와 통제의 일상은 여전했다.

위는 감옥으로 가는 길을 묘사한 그림. 아래는 당시 죄수의 모습

그를 모셨던 마르시 올리는 1698년 사령관으로 진급했고, 왕에게 귀족칭호를 받을 정도로 신분이 상승했다. 철가면 사내를 모시는 업무에 충실했고 비밀을 철저하게 잘 지킨 덕분에 받은 보상이었을 것이다. 그곳에서 철가면은 100평 남짓 되는 넓은 방에 감금되어 11년을 보냈다.

그후 마르시 올리는 다시 그를 데리고 파리의 바스티유 감옥으로 옮겨갔다. 몇 주나 걸려서 도착한 그곳이 철가면의 마지막 감옥이었다. 여기서 그는 5년을 기거했는데, 자유가 약간 허락되어서 주일마다 미사에 참여할 수 있었고 건강을 돌보는 주치의까지 둘 수 있었다.

철가면 사내의 감방을 드나들었던 의사는 먼 훗날 이렇게 언급했다. "약간 갈색 피부를 가진 그는 매우 단정한 태도를 지닌 채 늘 깨끗한 몸을 유지했다." 그가 불만을 토로하거나 하소연을 한 적은 전혀 없었고, 늘 평안한 자세였다는 것이다. 물론 자기가 누구인지도 절대 밝히지 않았다고 한다.

길고 긴 감방생활을 하면서도 보통사람이 이해하기 힘든 묘한 태도를 유지했던 이 남자는 1703년 11월 19일에 죽었다. 감방에 갇힌 이래 어느 누구도 본 적이 없던, 아니 보일 수도 없었던 그의 얼굴이 궁금했던 것은 당연하다. 그는 도대체 누구였을까?

시체가 된 그의 얼굴에 붙어 있었던 철가면은 죽은 후에 또 한 번 수난을 당했다. 관 속에 들어간 그의 몸은 상부에서 내려온 엄격한 지시에 따라서 정해진 무덤에 묻혔다. 장례를 치른 다음날 궁금증을 참지 못하고 기다렸던 사람들이 일제히 들이닥쳤다. 앞을 다투어 무덤을 파고 관 뚜껑을 열었다. 시체를 본 사람들은 경악을 금치 못했다. 죽은 사람의 얼굴을 확인했기 때문일까? 아니다. 이미 시체의 머리 부분이 사라지고 없었던 것이다. 머리를 잃은 시체의 목 위에는 돌이 대신 놓여 있었다. 이 남자를 평생 감금했던 무리들이 비밀이 드러날까 두려워서 미리 손을 썼다는 소문이 난무했다.

그는 루이 14세와 어떤 관계였을까?

그가 죽은 후 바스티유 감옥의 관리들은 상부의 지시에 따라 그가 기거했던 방의 자취를 완벽하게 지웠다. 심지어 바닥의 돌까지 들어내고 새로 깔았다. 혹시나 돌바닥 아래에 무언가 남겨 두었을지도 모른다는 의심 때문이었다. 그가 쓰던 침대와 의자 등도 사라졌다.

이 이야기는 사람들 입에 수없이 오르내렸고 여러 가지 추측이 난무했다. 어떤 이는 아마도 그가 전직 재무부 장관이었는데, 재정 문제로 루이 14세의 노여움을 사서 철가면을 쓴 채 수형생활을 했던 것이라고 했다. 혹자는 이탈리아 외교부 직원이었을지 모른다고 했다. 1678년 이탈리아 외교부 직원 한 사람이 루이 14세를 모독한 사실이 실제로 있었기 때문이다. 1669년 태양왕의 권위에 도전하다 미움을 샀던 한 귀족이 어느 날 자취 없이 사라져 버렸는데, 철가면 사내가 그 귀족이라는 견해도 있다. 철가면 사내의 정체를 찾기 위하여 많은 역사학자들이 자료를 뒤지며 연구했지만 그가 누구였는지 결론을 내린 사람은 아무도 없다. 세월이 흐를수록 그의 정체에 관한 관심이 사라지기는커녕 추측만 무성해졌다. 유명한 철학자 볼테르가 던진 의미심장한 주장도 그 가운데 하나이다.

가장 널리 알려진 설은 다음과 같은 것이다. 루이 14세의 아버지인 루이 13세는 오스트리아의 안느와 결혼하고 첫날밤을 보냈다. 14세의 어린 소년이었던 루이 13세는 그녀와 합방하는 것을 기피했다. 그날 밤 무슨 충격적인 사건이 있었는지는 알려지지 않았지만, 어쨌든 그 여파로 그는 나중에까지 다른 여인들과 잠자는 것을 두려워했다. 4년 후 그는 의도적으로 만들어진 잠자리에 강제로 들어가야만 했다. 왕손 생산의 의무 때문에 안느와 동침해야만 했던 것이다. 그런데도 둘 사이에는 후사가 생기지 않았다.

그 다음에 새로운 이야기가 보태졌다. 왕비 안느는 아이를 못 낳는 여자라고 스스로 단정했고, 자신을 돌보지 않는 루이 13세 때문에 외로워했다. 결국 그녀에게 정부가 생겼고, 그와 몰래 애욕을 불태우다가 아이가 생겼다. 물론 그 아이는 궁중에서 기르지 못하고 궁중 밖에서 은밀히 자랐다. 그 일로 자기가 아이를 낳을 수 있다는 걸 확신한 안느는 정식으로 왕손을 낳기로 작정하고, 루이 13세와 동침을 시도했다. 이렇게 낳은 아들이 바로 태양왕 루이 14세다. 결혼한 지 22년 만에 태어난 늦둥이 왕자였다. 1660년 루이 14세는 자신에게 이복형이 있다는 걸 알게 되었다. 그때부터 그는 이복형이 왕좌에 도전할지 모른다는 두려움에 사로잡혔다. 그 결과 루이 14세가 이복형을 문제의 철가면의 사내로 만들었다는 이야기이다.

그러나 철학자 볼테르가 그 설화를 다시 구성해서 언급한 주장은 조금 다르다. 볼테르에 의하면 루이 14세에게 쌍둥이 형제가 있었다는 것이다. 루이 14세가 태어난 후 몇 시간 지나 왕비는 다시 아들을 순산했다. 루이 14세는 쌍둥이 동생이 커서 권력의 주위에 얼씬

거리는 것을 차단하기 위해서 평생 그를 감방에 넣고 얼굴을 가렸다. 이 흥미로운 테마는 작가 알렉상드르 뒤마에게 큰 영감을 일으켜서 나중에 쌍둥이 형제의 이야기가 소설로 탄생했는데 『철가면』이 그것이다.

1977년, 어떤 학자가 철가면 사내가 기거했던 장소를 방문해서 이것저것 세밀히 조사해 이 남자의 몽타주를 재구성했다. 그것을 루이 14세의 초상화와 비교해 보니 체격이나 근골이 비슷했다. 그러나 쌍둥이 학설은 검증된 연구로 인정받지는 못했다.

결론은 세계적인 궁금증 때문에 곳곳에서 연구를 거듭했지만 아직까지 공인된 연구 결과는 없다는 것이다. 연구가 앞으로 계속된다 하더라도 철가면 사내는 영원한 수수께끼로 묻혀 있을 것이다. 다만 연구자들이 입을 모으는 공통적인 견해는, 루이 14세가 이 남자에게 철가면을 씌워서 감옥장 마르시 올리에게 보냈을 만큼 말할 수 없는 악연이 있는 것은 분명하다는 것이다.

문학과 영화에 수많은 모티프를 제공한 '철가면' 이야기

수세기를 내려오면서 밝혀지지 않은 비밀은 시간이 갈수록 연구자들의 궁금증을 유발하고 있다. 마치 우연히 손에 잡은 신문에서 재미있는 기사를 읽고 있는데 말미가 찢어져서 더 이상 읽지 못하게 되었을 때 생기는 궁금증처럼 말이다. 높은 신분을 가진 누군가가 어떤 정치적 음모에 희생되어 목숨만 부지한 채 평생을 감방에서 보냈으면서도 자신의 운명에 저항하지 않았다. 이 사내의 정체는 찢어진 신문처럼 영원히 정체를 찾을 수 없으니 어찌 궁금하지

프랑스 왕이 사신을 접견하는 모습

않겠는가.

오래 전, 서양의 한 '관상 수도원'을 찍은 영화를 본 적이 있다. 그곳의 수도자들은 평생 기도하고 일하고 침묵하며 지내야 하는데 정해진 날 단 하루만 말할 수 있었다. 수세기 동안 내려오는 전통이었다. 수도원이 번성했을 당시 수많은 수도자들은 그렇게 살아갔다. 그래도 수도원을 찾는 지원자들이 적지 않았다.

토마스 머튼 신부도 트라피스트 관상 수도원에서 살았다. 그곳에서 그는 걸출한 영성의 지혜가 담긴 명저를 집필했고, 그중 하나가 그 유명한 『칠층산』이다. 이 책에서 그는 장래가 보장된 교수직을 버리고 수도원에 들어가 지냈던 평화로운 삶을 담담하게 기록으로 남겼다. 수도자들이 트라피스트 수도원 안에서 대화했던 유일한 방법은 말이 아니라 쪽지를 서로 교환하는 것이었다. 그리고 오직 침묵 속에서 기도하고 일하며 살았다.

이 철가면 남자의 삶을 관상 수도원의 생활과 견준다면 어떨까? 아마도 그는 끝없는 분노와 불타오르는 복수심을 침묵 속에서 잠재우며 살았을 것이다. 그리고 자신의 삶을 필연이라 여기고 담담히 받아들이면서 내면의 평화를 키워나갔을 지도 모른다. 이런 점에서 그의 삶을 수도자의 그것과 비교하는 것도 큰 무리는 아닐 것이다. 다만 철가면 남자는 스스로 택한 인생이 아니라 타인에 의해 강요된 삶이었고, 30여 년 동안 무거운 철가면을 쓰고 지냈다는 것이 다를 뿐이다. 그렇지 않았다면 34년이나 되는 세월 동안 어떻게 운명에 순응한 채 견딜 수 있었겠는가? 만일 그가 수도자의 자세가 아니었다면 사내로서의 치욕을 참지 못하고 다른 삶을 택했을 지도 모를 일이다.

'사랑의 묘약'을 마신 루이 14세

낭만의 도시 파리는 300년 전만 해도 믿기 어려울 만큼 더럽고 무질서한 곳이었다.
술주정뱅이, 매춘부, 거지들로 북적거렸고 권모술수가 흘러넘쳤다.

300년 전 파리는 우리가 지금 떠올리는 낭만적인 도시와는 매우 다른 곳이었다. 밤에는 술주정뱅이들이 넘쳐났고, 낮에는 거지와 매춘부들이 몰려 거리가 혼잡했다. 밤새 죽은 이의 시체를 아침에 발견해도 아무도 놀라지 않았다. 심지어 사람들은 간밤에 사용한 요강을 아침에 그냥 창밖으로 부어버려 지나가는 행인이 오물을 뒤집어썼고, 미처 요강을 피하지 못하고 맞아 죽는 경우도 있었다. 시골 농부들이 소달구지에 물건을 싣고 파리의 시장으로 몰려들면서 이로 인해 생기는 동물의 오물 또한 큰 골칫거리였다. 거리 곳곳에 쌓인 오물을 밟지 않기 위해서 굽 높은 구두가 생겨날 정도로 더러운 도시가 파리였다.

이렇게 불결했던 도시의 치안유지를 담당했던 니콜과 말썽쟁이 점쟁이 카트린, 루이 14세의 정부 몽테스팡이라는 여인이 이 글의 주인공이다.

파리의 치안을 맡은 니콜은 120명이었던 파리의 야간 순찰대를 400명으로 늘렸다. 순찰대는 유사시에 쓸 무기를 지니고 몇 명씩 조를 짜서 해가 지는 시각부터 다음날 새벽까지 거리를 순찰했다. 니콜이 10년 동안 노력한 덕분에 더럽고 무질서했던 파리가 차츰 개선되자 그를 칭송하는 여론이 자자했다.

이런 사회 분위기 속에서 당시 파리 시민은 계급에 상관없이 사소한 일에도 점쟁이를 찾았다. 당시 파리에는 수백 명의 점쟁이가 엉터리 점괘로 돈을 벌었다. 점쟁이를 찾는 많은 여인들의 주된 관심거리는 어떻게 하면 남편을 빨리 하늘나라로 보낼 수 있을까 하는 것이었다. 점쟁이들을 서슴없이 독약 처방을 내려주었다.

당시 파리의 의사와 점쟁이는 환자를 치료할 때 서로 비슷한 처방을 내렸다. 의사의 최상의 처방은 뱀에서 추출한 약물이나 독한 술이었고, 점쟁이 역시 두더지에서 추출한 액체나 개구리로 짠 기름 등을 처방했다.

그들의 공통된 처방의 하나는 사혈瀉血이었다. 특히 루이 14세가 9세 때 큰 병을 앓다가 사혈 치료를 받고 회복된 적이 있어서 사람들은 사혈 요법을 무척 신뢰하였다. 연금술사도 이런 사회적 분위기에 합세했다. 이들은 철을 금으로 만들어 준다고 속여서 돈을 갈취했을 뿐만 아니라, 독약을 만들어 사람을 손쉽게 죽이는 데 사용했다. 약국에서 비소를 쉽게 구할 수 있었던 것도 문제였다.

이런 상황에서 독극물과 연관된 사건이 연달아 터지는 것은 자연스러운 일이다. 1676년에는 어느 가정에서 아버지와 아들이 배가 아파서 데굴데굴 구르다가 동시에 죽은 일이 발생했다. 경련성 발작을 일으켜서 자연사했다는 진단이 내려졌다. 3년 뒤, 니콜이 구성한 특별위원회가 다른 독극물 수사를 하는 과정에서 그들 부자가 독살당했다는 사실을 밝혀냈다. 범인은 바로 그 집의 딸이었다. 4년 간 도망 다니던 그 딸은 결국 붙잡혀서 화형에 처해졌다.

이와 비슷한 독극물 사건으로 공개 화형을 당한 여인이 라 보이신 카트린이다. 1630년생인 그녀는 보석상을 하던 남편과 함께 8명의 자식을 키우면서 정원이 있는 집에서 살았다. 나이가 들어 남편의 벌이가 신통치 않게 되자, 그녀는 돈을 왕창 벌어보자는 유혹에 빠져서 점쟁이로 나섰고, 독약은 물론 엉터리 '사랑의 묘약'까지 조제해서 팔았다. 낙태를 원해서 찾아오는 임산부에게 유산하는 약을 만들어 팔면서 점점 유명세를 탔는데, 나중에는 루이 14세의 측근 귀족까지 그녀를 찾아왔다.

술주정뱅이와 거지, 매춘부의 거리

카트린은 교회에서 제명당한 신부와 손을 잡고 비밀리에 경당을 만들었다. 그곳에서 기이한 악마의 미사를 올리면서 독약과 사랑의 묘약을 제조하였다. 수사 과정에서 그녀의 집 정원을 파헤쳤더니 그야말로 괴기소설 같은 일이 펼쳐졌다. 악마의 미사에 희생 제물로 바쳐졌던 많은 영아의 시체가 발견된 것이다. 더 무시무시한 것은 영아의 생피로 사랑의 묘약을 만들고, 심장과 내장까지 제약 원료로 썼다는 사실이다. 그녀는 공범과 함께 체포되어 재판에 회부되었고, 1680년 2월 22일 공개된 장소에서 모두 화형을 당해 죽었다.

이런 점쟁이와 연루된 사람들 중 빠뜨릴 수 없는 사람이 루이 14세의 정부였던 몽테스팡 부인이다. 루이 14세는 조선시대의 왕들처럼 서열이 분명한 정부를 여러 명 거느렸다. 그 중에는 서열에도 끼지 못하고 단 하룻밤 만남으로 끝나는 여인도 있었다. 빗대어 조롱하는 의미로 이들에겐 '하루살이'라는 별칭이 붙었다.

서열에 낀 정부는 어느 시대 어느 왕조와 마찬가지로 미모와 지력은 기본이고, 살아남기 위해, 혹은 더 높은 서열에 오르기 위해 온갖 시기와 질투, 권모술수를 서슴지 않았다. 루이 14세의 정부 중에는 사심 없이 사랑을 나누었던 루이제 같은 여인도 있었지만 오래 가지 못하고, 결국은 몽테스팡에게 자리를 빼앗겼다.

루이 14세의 가족

몽테스팡은 높은 서열의 정부였음에도, 영원히 왕의 환심을 사기 위하여 악의적이고 음흉한 음모를 꾸몄다. 귀족 출신으로 수도원에서 자란 그녀는 몽테스팡 가문의 남자와 일찍 결혼하여 아이를 둘 낳았지만, 20세에 궁에 들어가 왕의 눈에 들어 정부가 되었다. 결혼해서 아이까지 있던 몽테스팡을 정부로 차지한 루이 14세는 그 때문에 교회와 불편한 관계가 되었다. 몽테스팡의 전 남편 역시 그들을 맹렬히 비난하면서 아내에게 가정으로 돌아오라고 애걸했지만 그녀는 아랑곳하지 않았다. 하루아침에 부인을 빼앗긴 전 남편은 왕실에 겁 없이 덤벼들었지만 루이 14세는 태양왕이 아니던가. 남편은 오히려 체포되어 다른 곳으로 쫓겨나는 신세가 되었다. 몽테스팡은 세상의 비난 따위는 무시하고 태양왕과 호사스러운 사랑을 누렸다.

왕이 몽테스팡을 좋아했던 이유는 그녀가 뛰어난 미모와 더불어 예술과 음악을 사랑했기 때문이다. 그녀와 왕은 정신적 교감을 나누는 사이였다. 그녀가 왕의 사랑을 받으면 받을수록 주위의 시샘과 질시는 더해 갔다. 여기에 마구 뱉어내는 그녀의 모진 말투도 미움을 사는 원인이 되었다.

하지만 루이 14세에게 몽테스팡은 없어서는 안 될 절대적인 존재였다. 그녀는 왕과의 사이에 8명의 아이를 낳았는데, 거기서 살아남은 6명은 왕비에게 태어난 적통 왕자와 동일하게 상속받을 수 있도록 합법적인 안전장치까지 마련해 놓았다. 몽테스팡은 그것에 만족하지 않았다. 왕의 사랑이 언제 끊길지 모르는 위치가 늘 불안했던 것이다. 그녀가 1퍼센트의 불안을 지우기 위해서 찾은 점쟁이가 바로 카트린이었다. 영원히 왕의 사랑을 얻을 수 있게 해주겠다는데

독극물사건에 연루되었던 루이 14세의 정부 몽테스팡 부인

어찌 솔깃하지 않을 수 있겠는가?

왕과 연결된 사랑의 끈을 더 튼튼히 하기 위해 점쟁이를 찾았지만 결과는 정반대였다. 당시 경찰 조사를 통해서 믿지 못할 사실이 속속 밝혀졌다. 몽테스팡이 카트린의 권유에 따라서 마녀예식에 참여했고, 몽테스팡의 배꼽 위에서 악마의 미사를 올렸는가 하면, 카트린이 그녀에게 엉터리 마법약을 조제해주었다는 것이 드러났다. 사건의 전모가 밝혀지고 나서야 루이 14세는 그녀와 밤을 보내고 난 다음날 늘 머리가 아팠던 기억을 떠올렸다. 루이 14세는 자신도 모르게 끔찍한 재료들로 조제한 사랑의 묘약을 몇 년간 먹고 마셨던 것이다. 그나마 독극물이 아니었으니 다행이라고 할까.

당시 독극물 사건에 연루된 사람은 3년간 104명이었고, 대부분 감옥에서 죽거나 화형을 당하거나 추방되었다. 물론 혐의 없이 풀려난 이들도 극소수 있었는데 그들 대부분은 귀족이었다.

왕의 정부가 연루된 이 사건은 극비에 붙여졌다. 왕의 명령을 받은 니콜 역시 이 사건을 함구할 수밖에 없었다. 1709년에 니콜이 죽자, 왕은 이 사건과 관련된 모든 서류를 왕실로 넘기라고 명령했고, 관련 증거들을 남김없이 불태워 버렸다.

이 사건은 역사 속에 영원히 묻힐 뻔했지만 한 역사가가 우연히 사건 관련 서류를 발견하면서 세상에 모습을 드러냈다. 태워버린 서류가 어떻게 발견된 것일까? 그 서류는 니콜이 생전에 몰래 필사해 놓은 사본이었다. 이 사건을 모티프로 1819년 독일의 작가 호프만은 소설을 썼고, 유럽에서는 5번 영화로 만들어졌다. 이제 그 더러웠던 파리는 옛모습을 벗고 깨끗해졌고, 사람을 태워죽이는 화형도 사라졌다. 그러나 더 많은 돈을 벌기 위해 수단과 방법을 가리지 않았던 점쟁이나 부족한 1퍼센트를 채우고 싶어 안달했던 정부의 모습은 그럴 듯한 포장과 각색으로 300년이 지난 지금도 여전히 우리 사회 속에 남아 있는 것 같다.

사랑받고 싶었던 미친 여왕 후아나

그녀는 일생의 반을 촛불만 덩그러니 밝혀진 어두컴컴한 방에 감금당한 채 살았다.
한번은 그녀의 남편에게, 나중에는 아들에게 감금을 당했다.
유럽을 호령한 스페인 여왕의 삶은 이렇게 비참했다.

중세 유럽의 '여왕'을 떠올리면 머리에 화려한 왕관을 쓰고 고급
스러운 옷을 입은 권위적인 여인을 상상한다. 그러나 권력을 가진
여왕이었음에도 불구하고 주어진 권한을 써보지도 못하고 살았던
여인도 있었다. 후아나가 바로 그 주인공이다. 그녀는 일생의 반을
감금당한 채 살았다. 촛불만 덩그러니 밝혀진 어두컴컴한 방에서였
다. 한번은 그녀의 남편에게, 나중에는 아들에게 감금당했다고 사가
들은 전한다. 어쩌다가 그런 삶을 살게 되었을까?

그녀의 부모는 당시 세계 최강국 스페인 왕실의 이사벨 1세
(1474~1504)와 아라곤의 페르난도 2세(1479~1516)이다. 이들의 실책
중 하나는 1492년경 스페인에 살고 있었던 유대인들을 쫓아낸 것이
다. 이 사건 때문에 그 당시 덕망 높았던 많은 유대인 학자, 시인, 철
학자들이 스페인을 떠났다. 그들의 학문이 계승되고 전수될 씨를 말

린 역사적인 실책이었다고 학자들은 평한다. 카톨릭으로 개종하지 않는 자가 있으면 모든 재산을 압수했다. 더 악랄했던 것은 카톨릭으로 개종하고 스페인에 남았던 유대인들마저도 나중에 종교재판의 희생자로 만든 것이다. 이 두 사람은 역사에 이런 불미스러운 일을 저지른 사람으로 남아 있다. 딸 후아나(1479~1555)는 이들과 셋째 아이였다. 그녀는 어릴 때부터 걸출한 미모에 춤을 잘 추고 피아노의 일종인 클라비코드 연주에 능숙한 사랑스러운 소녀였다.

스페인은 당시 앙숙 관계에 있었던 프랑스를 소외시키기 위해서 오스트리아와 손을 잡았다. 우방관계를 가장 잘 유지하는 방법은 자녀의 결혼을 통해 혈연관계를 맺는 것이다. 후아나를 오스트리아의 펠리페 1세와 결혼시켰고, 더 돈독한 결탁을 위해 겹사돈 관계를 맺는데, 그녀의 오빠 후안도 오스트리아의 공주 마르가레테와 결혼시킨 것이다. 비록 정치적인 맥락에서 출발한 결혼이었지만 펠리페를 향한 사랑이 대단했던 후아나는 늘 행복했다. 1497년 왕위 계승권을 가졌던 오빠가 후손 없이 죽자, 그 다음 서열인 언니가 왕위 계승권을 물려받았다. 언니도 1년 후에 아이를 낳다가 죽게 되자, 다음 서열이 바로 후아나였다. 이미 세 아이의 엄마가 된 그녀는 친정인 스페인으로 와서 합법적인 절차를 밟은 뒤 왕위 계승권을 물려받았다. 후아나의 자리에 눈독을 들이고 있던 그녀의 남편 펠리페는 아내를 등에 업고 언젠가 강력한 권력자가 될 준비를 단단히 하고 있었다. 그 사이 네 번째, 다섯 번째 아이를 낳아 키우던 후아나는 통치할 영역이 점점 더 늘어났다. 어머니가 죽으면서 그녀가 통치했던 영토를 1504년 딸에게 또 상속했기 때문이다.

일생의 반을 감금당한 채 살았던 최고 권력자

이런 엄청난 위치에 있던 후아나에게 차츰 문제가 드러나기 시작했다. 그녀는 통치에 대한 관심보다 펠리페를 향한 사랑에만 몰두했다. 남편에 대한 사랑이 나쁜 것은 아니지만 문제는 정도가 심해서 시기 질투로까지 치닫게 되었다는 것이다. 심지어 남편의 첩에게 가위를 던져 얼굴에 상처를 만들었을 뿐만 아니라, 귀족 여인들은 남편 주위에 얼씬거리지 못하게 했다. 그 대신 누추한 시종들을 펠리페 주위에 배치시켰다. 점점 깊어 가는 그녀의 집착증에 질린 펠리페는 그녀를 때리기도 하고 모욕을 주기도 했다. 그러다 결국은 아내를 어둡고 침침한 방에 감금시켰다. 감금된 방 안에서도 그녀는 남편에게 병적일 정도로 지나친 사랑의 편지를 계속 써댔다.

그럴수록 펠리페는 후아나를 더욱 고립된 생활로 몰아넣었다. 그는 오래 전에 품었던 야망대로 부인의 권력을 빼앗아갔지만, 결국 그런 야망도 순식간에 물거품이 되어버렸다. 당시에 스페인에 번졌던 열전염병으로 갑자기 사망한 것이다. 겨우 28세의 나이였다. 심한 충격에 빠진 후아나는 무력감과 우울증으로 정신 상태가 뒤죽박죽이 되어버렸다. 여왕으로서 처리해야 할 일은 포기하고 그녀는 죽은 남편의 관을 직접 보살피는 데에만 매달렸다. 3개월 전에 땅에 묻었던 남편의 시체를 그녀는 어느 날 다시 파도록 명령했다. 이유는 펠리페가 생전에 어떤 특정 장소에 묻어달라는 유언을 했기에 무덤을 옮겨야 한다는 것이었다.

그런데 문제는 거리였다. 가까운 장소로 옮긴다 해도 왕족의 묘지 이장이라는 게 그리 쉬운 일은 아니다. 하물며 북쪽에서 남쪽까지 650킬로미터나 되는 거리를 이동해서 옮겨야만 했으니 얼마나 황당했겠는가? 그렇지만 신하들은 여왕의 단호한 명령을 따를 수밖에 없었다. 4마리의 말이 웅장하게 장식된 펠리페의 관을 싣고 행렬을 시작했다. 오늘날 650킬로미터를 자동차로 달린다 해도 많은 시간이 소요될 터인데 말에 실은 관을 사람들이 호위하면서 걸었으니 어떠했겠는가. 관 주위에는 횃불이 타고 있었고, 많은 수도자들이 망자를 위한 축원 기도를 하면서 동행했다. 날이 저물어 일행이 이동 중 마을에 도착하면 후아나는 관을 말에서 내린 뒤 교회에 잠시 안치하고 혼자 곁에서 지켰다. 여인은 관 부근에 얼씬도 못하게 했다. 그날 밤 도착한 곳이 마을 교회나 남자 수도원일 경우는 그래도 쉽게 넘어갔다. 그러나 여자들이 사는 수도원에 당도하게 된 날은 문제가 달랐다. 수녀까지도 일체 접근을 금지했으니 수행원들이 얼마나 애를 먹었을지 짐작이 간다. 거기다 몇 달간 이 마을 저 마을로 이동하면서 긴 시간 행렬을 했으니 그녀에 대한 온갖 좋지 못한 말이 일파만파로 무성하게 퍼져 나갔다. 그녀는 몸도 제대로 씻지 못했고 정신도 점점 이상해졌다. 이렇게 몇 달을 길 위에서 생활했으니 여왕의 품위는 찾을 수 없었다. 누군가가 말했듯이 자기가 여왕이라면서 거지 차림을 하고 있는 것도 문제이고, 자기가 거지라고 하면서 여왕 차림을 하고 있는 것도 우습다는 말이 바로 후아나를 가리키는 것 같다.

장장 몇 달 동안 먼 거리로 관을 옮겼다는 것도 의문이다. 남편이 정말 그렇게 유언을 했는지, 아니면 그녀의 정신 이상이 이런 무리한 여행을 시도했는지는 아무도 모른다. 심지어 이 소식을 접한 교

위는 후아나의 초상, 아래는 죽은 남편의 관을 옮기는 후아나

황 율리오 2세가 개인적으로 그녀를 말렸지만 그녀는 아랑곳하지 않고 관 옮기는 일을 계속했다.

그저 사랑받기를 원했을 뿐인데

이후 그녀는 여왕으로 복귀하지 못하고 다시 감금당했다. 이번에 그녀를 가둔 것은 아들 카를로스 1세였다. 감금된 그녀는 딸에게 집착하기 시작했다. 누가 딸을 데리고 갈까봐 호롱불만 타고 있는 덩그런 외진 방에 딸을 강제로 감금했다. 불쌍한 공주를 보다 못한 시녀들이 감금된 방의 벽에 구멍을 뚫어 그녀가 바깥 성벽 주위에 놀러온 아이들을 볼 수 있게 해준 적도 있었다. 다행히 공주는 구출되었고 후에 정상적인 결혼을 했다. 후아나의 아버지 페르난도 2세까지 죽자, 후아나의 아들 카를로스 1세는 점점 권력에 욕심을 내기 시작했다. 어머니를 자상하게 보살피는 척하면서 다시 골방에 감금한 것이다.

후아나가 유일하게 신뢰했던 한 예수회 신부가 전한 바에 의하면 그녀는 감금된 상태에서 몇 년을 침대에 누워서 지냈다고 한다. 나중에는 엉덩이 부분이 마비되고, 욕창으로 곪은 상처에서 불쾌한 악취가 풍겨 온몸을 덮었다. 피부병과 정신착란증에 시달린 삶이었다. 어떤 때는 똥오줌으로 뒤범벅되었지만 어느 누구도 나서서 씻기지 않았다. 결국 그녀는 1555년 조용히 숨을 거두었다.

역사가들은 두 가지 상반된 주장으로 그녀의 정신병설을 다루고 있다. 그녀가 선천적으로 정신적인 문제가 있었다는 견해가 하나이고, 또 다른 주장은 그녀가 정치적인 게임에 희생된 제물이라는 것이다. 이 서로 다른 견해들은 500년 전부터 연구의 대상이 되어 꾸준히 연구되고 있지만 아직도 결론을 내리지 못하고 있다. 그녀의 젊은 시절 초상화를 보면 얼마나 아리따운 아가씨였는지 정신질환자라는 사실이 믿기지 않는다. 결혼 후에 권력에 희생되면서 정신적인 상처가 깊어진 것은 아니었을까? 여왕이라는 절대 권력을 가진 한 여인이 이런 식으로 죽었다는 것은 믿기 어려운 이야기이다. 참으로 처참하고 비참한 인생이 아닌가.

권모술수를 이용해서 부당한 권력을 쥐고자 하는 사람이 많은 것도 문제지만, 반대로 권력을 쥔 사람이 가족들에 의해서 권력을 쓰지 못하고 특별한 불행에 빠진 것도 일종의 비극이다. 여왕 후아나가 겪은 일이 이 시대에 일어났다고 가정한다면 TV 뉴스나 인터넷, 신문에서 이 해괴한 사실을 들추면서 난리가 날 것이다. 어쩌면 동정심 많은 대중이 방관하지 않고 후아나 여왕의 권위를 회복시켜 주었을지도 모를 일이다.

하룻밤 사랑으로 영원을 살았던 바르바라

카를 황제가 죽고 난 뒤 공개한 유언장에는 히에로니무스가 그의 아들이라는 사실이
적혀 있었다. 정실에서 태어나 왕권을 물려받은 아들 펠리페 2세는
그의 배다른 동생에게 '돈 후안'이라는 귀족칭호를 주고 왕실로 불러들였다.

독일 레겐스부르크에는 1250년에 세워진 '십자가의 집'이라는 호텔이 있다. 황제 카를 5세(1500~1588, 스페인 왕으로는 카를로스 1세)도 여러 번 숙박했는데 여기서 그가 신분 낮은 한 여인과 사랑을 했다는 이야기가 전해진다. 당시는 신분을 신이 정해 준 것이라고 여기고 운명으로 끌어안고 살아가던 시대였다. 500년 전 바르바라 프롬베르크(1527~1597)도 마찬가지였다. 그녀는 가죽허리끈을 만드는 아버지 볼프강 프롬베르크와와 어머니 시빌라 사이에서 태어났다. 아버지가 일찍 죽자 바르바라는 그녀의 어머니가 1552년 재혼한 가정에서 자랐다. 교황에 의해 공식적으로 황제 위를 받은 카를 5세는 레겐스부르크에서 옛 독일제국 의회가 열렸기 때문에 자주 이곳에 들렀다. 1546년 방문했을 때 그는 평민녀 바르바라와 불타는 사랑을 나누었다. 둘 사이에는 열정적인 사랑이 일어났지만 결말은 소

설 속 얘기처럼 해피엔딩은 아니었다. 그녀는 단 하룻밤 황제와 잤을 뿐 그 이후 서로 만나지 못했기 때문이다. 신분 낮은 그녀가 어떻게 황제와 사랑을 나눌 수 있었을까? 그녀가 기록에 남을 수 있었던 것은 빼어난 미모 때문일 것이라고 사가들은 말한다.

45세의 황제는 레겐스부르크를 떠난 뒤 그녀를 더 이상 찾지 않았다. 그에게는 단 하룻밤의 풋사랑이었지만, 그녀에게는 일생의 사랑이었다. 그렇지만 황제를 만날 수 있다는 희망 같은 것은 일찌감치 단념했다. 그녀 스스로 자신의 신분을 알았기 때문이다. 후에 그녀는 임신한 사실을 알고 혼자서 아들을 낳은 뒤 이름을 히에로니무스라고 지었다. 그녀는 히에로니무스만은 왕실에서 길러지길 바랐다. 이런 그녀의 뜻을 하늘이 알았는지 얼마 후 그녀의 원대로 일이 이루어졌다. 근교의 도시에 잠시 머물렀던 황제가 바르바라가 아들을 낳아 키운다는 소식을 접했던 것이다.

황제는 6개월 된 아들 히에로니무스를 데리고 오라고 명했다. 카를 5세는 데려온 아들을 바이올린 연주자인 프란츠 부부에게 보내고 왕족에 어울리는 교육을 시키라고 명했다. 그렇지만 아버지 카를은 그가 죽을 때까지 자기가 히에로니무스의 아버지라는 사실을 숨겼다.

히에로니무스가 카를의 아들이라는 사실을 알게 된 것은 유언장 때문이었다. 카를 황제가 죽고 난 뒤 공개한 유언장에는 히에로니무스가 그의 아들이라는 사실이 적혀 있었다. 정실에서 태어나 왕권을 물려받은 아들 펠리페 2세는 그의 배다른 동생에게 '돈 후안'이라는 귀족 칭호를 주고 왕실로 불러들였다. 펠리페 2세의 아들 돈

카를로와 함께 고등교육을 받게 되면서 돈 후안은 왕실의 일원이 되어갔다. 펠리페는 이복동생이 추기경이 되기를 은근히 갈망했지만 돈 후안의 관심은 정신세계보다는 세속에 있었다. 군인이 된 그는 돈 후안이라는 이름으로 여러 전쟁에 참여하여 승리를 거듭하면서 이름을 날렸다. 그가 전쟁에서 많은 승리를 거두자 교황 비오 5세와 그레고리오 13세는 그에게 많은 선물을 보내기도 했다.

아버지 황제 살아생전에는 인정받지 못했던 돈 후안

그 사이 바르바라는 어떻게 지냈을까? 바르바라는 황제의 공무원인 히에로니무스 케겔과 1551년 결혼해 두 아들과 딸을 낳았다. 그녀는 남편이 브뤼셀로 발령받자 무척 기뻐했다. 고향인 레겐스부르크는 쳐다보기도 싫었던 것이다. 황제에 대한 첫사랑은 포기했지만 그녀의 마음에 드리워졌던 아련한 상처는 아물지 않았던 것이다. 결혼한 지 18년, 그녀가 42세가 되었을 때 남편이 죽었다. 또 남편이 죽은 8일 후에는 아들이 우물에 빠져 죽는 불상사가 겹쳤다. 이것만으로도 버거운데 경제적인 어려움이 뒤따랐다. 남편이 남긴 빚을 그녀가 갚아야 했기 때문이다. 당시 네덜란드를 통치하던 귀족 알바는 삶의 무게에 눌려 어쩔줄 몰라 하던 그녀를 목격하고는 아들의 이복형제인 펠리페 2세에게 도움을 청했다. 펠리페 2세는 그녀에게 많은 재물을 희사하면서 그녀가 수도원에 들어가 살라고 했지만 그녀는 세속의 삶을 더 원했다.

바르바라는 수십년간 아들에 대한 생각을 품고 있었는데 드디어 아들을 룩셈부르크에서 만날 수 있다는 전갈을 받았다. 1576년 11

월 아들과 어머니의 만남이 이루어졌다. 유감스럽게도 아들은 어머니를 만난 기쁨을 표시하기는커녕 시큰둥한데다 오히려 어머니에게 무엇인가를 명령하기 위하여 나타난 사람 같았다. 기록에 따르면 아들의 권고가 '위협에 가까웠다'고 한다. 아들은 그녀에게 네덜란드를 떠나 스페인으로 가라고 명령했다. 사가들이 전하는 바에 의하면, 남편이 죽고 난 후 과부였던 그녀가 당시 윤리에 어긋나는 생활을 한다고 소문이 났기 때문에 아들이 엄마를 차갑게 대했다는 것이다. 생후 6개월 때 헤어지고 처음 만난 아들에게 이런 명령식의 권고를 받은 그녀는 무척 실망했다. 그렇지만 그녀는 아들의 권고에 따라 배를 타고 네덜란드를 떠나 스페인에 당도했다. 그때 영접나온 이가 아들 돈 후안을 키워준 보모였다. 한번 본 아들이 처음이자 마지막이 될 줄 누가 알았을까. 돈 후안은 41세의 젊은 나이로 페스트에 걸려 죽었다.

그녀는 1584년 스페인의 북쪽 작은 마을에 정착했다. 그녀가 살았던 거리에는 그녀의 이름이 붙여졌다. 단 한 번 만난 황제와 불같은 사랑을 나누고, 단 한 번 만난 아들과 헤어질 수밖에 없었던 여인 바르바라! 그녀는 1597년 한많은 생을 마쳤다. 그녀는 죽기 전 유언장에 사랑했던 황제 카를 5세와 그의 아들인 펠리페 2세에게 감사의 표시를 했다고 한다. 레겐스부르크에는 그의 아들 돈 후안을 기념하는 동상이 있다.

바르바라의 아들 돈 후안

A. 엔센/M. 존-크론탈러(Hg.), 『'E. 궤스만의 여교황 요한나에 대한 고찰(여성에 대한 역사적-신학적인 고찰 연구)』, 빈, 2005

A. J. 우어반, 『유럽 성지순례 백과사전』, 파다본, 2002

A. 발하우스, 베르기쉬, 『중세기의 性과 사랑』, 글라드바흐, 2009

A. 씨크/J.R. 씨크, 『잊혀져간 중세기의 여인 치유사들』, 빈, 2008

A. 안겐넨트, 『聖스러움과 聖유물에 관한 연구』, 함부르크, 2007

A. 바아스, 『중세 십자군의 역사』, 프라이부르크, 2007

A-M 두블러, 『16~18세기 가난한 이들의 삶과 거지들의 본질에 대해서』, 바젤, 1970

B. 괴팅겐, 『인생 낙오자에 속하는 비주류인생들, 소수민족들』, 1993

B. 룬드트, 『1500년~1800년의 유럽인의 삶은 어떠했는가?』, 다름슈타트, 2009

B. 벡, 『유명한 여성들; 2~18세기부터 현재까지의 여인들』, 비스바덴, 2008

C. 샤하르트, 『바티칸에는 어떤 일이?』, 뮌스터, 2007

C. 퀴터, 『거리에서 살았던 중세기 사람들의 삶』, 괴팅겐, 1983

D. 브로이어, 『16세기의 농민전쟁은 어떠했던가?』, 베르기쉬 글라드바흐, 2005

E. 그레쉬, 『위그노의 역사』, 라이프치히, 2005

E. 프롭스트, 「위대한 여인들 11」, 『여성학과 가족』, 노르데르스테트, 2001

F. 마이어, 『유랑자, 종, 쥐 잡는 이들의 삶』, 오스트필더른, 2005

F. 이르시글러/A·라쏘타, 『거지, 유랑자, 종, 그리고 사형수들의 삶』, 뇌르들링겐, 1998

G. 그로부뤼그, 『100명의 교황들』, 함부르크, 2005

H. 퀸넬, 『후기 중세인의 삶은 어떠했을까?』, 그라츠·빈·쾰른, 1996

H-J. 볼프, 『마녀사냥의 역사와 그 현실』, 빈드라흐, 1994

J. 될링어, 『중세기의 교황들』, 프랑크푸르트, 1962(초판 1863)

J. 로시아우드, 『중세인의 매춘』, 뮌헨, 1994

J. 마르트슈카트, 『17~19세기의 사형의 역사』, 비스바덴, 2006

J. 부루베어, 『후아나. 스페인 여왕의 일생』, 뮌헨, 2004

J. N. D. 켈리 레클람스, 『교황들의 백과전서』, 슈투트가르트, 2005

M. 몰라트, 『중세의 가난한 이들의 삶』, 뮌헨, 1984

M. 샤드, 『그리스 로마 시대부터 17세기까지 살았던 유명한 여성들 1』, 비스바덴, 2007

P. 딘젤바흐, 『성녀와 악녀들의 운명』, 뒤셀도르프, 2001

P. 슈스터, 『1350~1600년 독일 시에서 관장했던 여성의 집 매춘녀 연구』, 파다본·뮌헨·빈·취리히, 1992

P. 리혜, 『카롤링거 시대의 세상』, 슈투트가르트, 1999

R. v. 듀엘만, 『법정 앞에 섰던 여인들의 연구』, 프랑크푸르트, 1991

R. 마조 카라스, 『중세기의 性』, 뒤셀도르프, 2006

R. 바르트, 『베드로에서 베네딕토 16세까지 모든 교황들』, 쾰른, 2008

R. 슈나이더, 『1000년 전 독일인의 생활모습은 어떠했던가?』, 아우구스부르크, 2008

V. 라인하르트, 『교황 알렉산데르 6세 보르지아 1431~1503』, 뮌헨, 2005

W. v. 히펠, 「빈곤층, 낮은 계층인들, 비주류인생들」, 『독일의 백과전서 역사』 34호, 뮌헨, 1995

W. 나피/A. 스피서, 『검은 죽음, 유럽의 페스트』, 에센, 2006

『바티칸 교황들의 모습 2010-4』 역사 간행서

중세의 뒷골목 풍경
유랑악사에서 사형집행인까지, 중세 유럽 비주류 인생의 풍속 기행

1판 1쇄 발행   2011년 11월 30일
1판 6쇄 발행   2022년 6월 10일

지은이   양태자
펴낸이   이영희
펴낸곳   도서출판 이랑
주소   경기도 파주시 교하로 1007-29
전화   02-326-5535
팩스   02-326-5536
이메일   yirang55@naver.com
등록   2009년 8월 4일 제313-2010-354호

ISBN 978-89-965371-3-7-03920

이 도서의 국립중앙도서관 출판시도서목록(CIP)은 서지정보유통지원시스템 홈페이지(http://seoji.nl.go.kr)와
국가자료공동목록시스템(http://www.nl.go.kr/kolisnet)에서 이용하실 수 있습니다.(CIP제어번호:CIP2011004725)